BESTSELLER

Mario Guerra es un reconocido psicoterapeuta, *coach* ontológico certificado, hipnoterapeuta, maestro en tanatología y comunicador. Ha sido conferencista en el evento TEDxCDLH y actualmente es colaborador del programa de radio de Martha Debayle en W Radio y en el programa de televisión Sale el sol de Grupo Imagen. Su estilo franco, sencillo y revelador lo ha llevado a consolidarse como un experto en temas de pareja, con amplia aceptación en el público de radio y televisión. En editorial Aguilar ha publicado los bestsellers *Los claroscuros del amor* y *En el mismo barco*.

marioguerra.mx

@marioguerra

MARIO GUERRA

NO TE COMPLIQUES

Desenreda tu pensamiento y sé feliz

DEBOLS!LLO

El papel utilizado para la impresión de este libro ha sido fabricado a partir de madera procedente de bosques y plantaciones gestionadas con los más altos estándares ambientales, garantizando una explotación de los recursos sostenible con el medio ambiente y beneficiosa para las personas.

No te compliques

Desenreda tu pensamiento y sé feliz

Primera edición en Debolsillo: agosto, 2022

penguinlibros.com

ISBN: 978-607-381-739-4

Impreso en México – *Printed in Mexico*

Riega los árboles frutales y no las espinas.

Jalaluddin Rumi

ÍNDICE

Introducción

Un problema es una circunstancia que nos dificulta o impide alcanzar un objetivo. La etimología de la palabra nos da la connotación de que es algo puesto delante de nosotros que debemos resolver o darle solución. Entonces, los problemas no son algo con lo que se tenga que vivir y mucho menos que convenga empeorar; están para desenredarse y no enredarse más.

El problema es que no pocas veces, por buscar la solución, complicamos más la situación. Nadie hace esto de manera consciente, pero sucede con frecuencia. A veces complicamos las cosas por hacer de más, cuando deberíamos hacer menos y viceversa. Otras veces nos complicamos creyendo que una circunstancia de la vida es un problema y nos topamos con lo imposible: resolver lo que no tiene solución. Simplemente no hay que solucionarlo todo, sino adaptarse a ello. En otras ocasiones, la solución se complica porque vemos el problema desde ángulos extremos y eso nos impide verlo en su totalidad. Necesitamos percibir la situación como realmente es para determinar si en realidad es un problema y, dado el caso, cómo resolverlo. Esto no es posible si fragmentamos la realidad. Otra manera de complicarnos la vida es creer que no tenemos capacidad para resolver problemas o sentir que debemos resolverlos todos. De una u otra manera, todos tenemos la capacidad de mirar un problema y pensar en su posible solución, sólo que a veces dudamos de nosotros y creemos que la solución no es buena o inteligente. No pocos nos complicamos la vida porque en vez de resolver un problema, dejamos que se haga viejo o se expanda por no resolverlo a tiempo. Nos cuesta mucho decir "basta" y más aún, actuar con firmeza para sostener esta palabra.

Este libro habla de todo eso. De las cosas que hacemos y dejamos de hacer, de las que creemos y de cómo todo eso puede complicarnos la vida. Hacer una lista exhaustiva de todos los problemas humanos no tiene caso, porque lo que para uno es un problema, para otro no lo es, incluso lo ve como ventaja. Mi intención es abordar grandes temas que son la raíz de muchos problemas. La idea entonces es precisamente poner el problema delante para mirarlo y resolverlo. Esto es como hacer consciente lo inconsciente y darnos cuenta de lo que pasa y si contribuimos a solucionar o complicar un problema. Mis dos primeros libros: *Los claroscuros del amor* y *En el mismo barco*, hablan de relaciones de parejas, en ambos hice notar que no todos los problemas en una relación nacen a partir de ella, "como si fueran hijos disfuncionales". Mucho de lo que nos pasa deriva de cosas que venimos cargando hace muchos años y que ya es hora de resolver con más conciencia y responsabilidad.

Nuestros problemas son nuestros, en eso no cabe duda, pero sus efectos pueden tocar otras vidas o al menos complicar la nuestra. La filosofía budista dice que lo que todos los seres buscan es "ser felices y dejar de sufrir" y no puedo menos que estar de acuerdo con esto. Ése es el "para qué" de este libro: una propuesta para desenredar el pensamiento identificando sus nudos. Puedes hojear el índice e ir directamente a la sección que más te atraiga o con lo que más te identifiques, aunque la estructura que le he dado hace que un capítulo sea la base del siguiente. Pero no importa cómo decidas leerlo y releerlo, lo que importa es que mantengas tu mente abierta a nuevas posibilidades. Si hemos desarrollado el dudoso talento de complicarnos la vida, seguramente ese patrón tenderá a hacernos recaer mientras transitamos el camino del cambio. Es normal, por eso también es conveniente que pienses en la palabra perseverancia. Si no es este libro, será otro o quizá un terapeuta, un proceso de introspección o una combinación de todo esto lo que te ayude a resolver tus problemas internos; de lo que tienes que estar seguro o segura es de que, sin importar cuáles son tus problemas, siempre hay manera de evitar complicarte la vida con ellos y finalmente resolverlos.

Algunos de los ejercicios están acompañados de un audio para hacer más fácil tu proceso. Podrás encontrar los ejercicios guiados aquí:

http://www.marioguerra.mx/notecompliques

Clave: sefeliz

1

Mitos que nos impiden el cambio

Hasta que hagas consciente el inconsciente,
dirigirá tu vida y lo llamarás destino.
JUNG

Todos buscamos mejorar y cambiar lo que no nos hace sentir especialmente orgullosos. Un gran problema es no saber hacia dónde dirigirnos, otro es no saber cómo hacerlo y quizá el más grande sea sostener la creencia de que cambiar no es posible. El destino es tan poderoso y real como un fantasma. La vida se construye, no es un conjunto de planos e instrucciones a seguir y nada más. Así que vamos a desenmarañar un poco el pensamiento cuestionando algunos mitos, creencias y distorsiones que nos complican el cambio. Esto es como preparar la tierra para lo que vamos a sembrar.

Lo que dejamos de preguntarnos

Cuando aceptamos sin más lo que aprendimos dejamos de cuestionarlo. Uno duda de lo que no está seguro ¿cierto? Pero qué pasaría si aquello de lo que no dudamos no fuera del todo verdad, si el supuesto saber o aprendizaje no es sino una transmisión distorsionada de creencias que empezaron y se fueron transformando en un dogma que había que creer sólo porque lo hemos escuchado muchas veces, o porque alguien a quien le otorgamos respeto o autoridad lo ha dicho. "Las certezas empobrecen", escuché alguna vez, y lo hacen cuando uno deja de preguntarse acerca de su validez o veracidad. Nos empobrecen porque nos impiden buscar y nos llevan a la resignación pasiva o a la apatía y el conformismo de aceptar para no pensar.

Es como si nos pusieran una escenografía y nos dijeran "éste es el mundo". Como si nos entregaran un libro y aseguraran "aquí está tu historia", o como si nos dieran un guion para decirnos "ésta es la vida que te tocó" y nosotros aceptemos todo eso sin el menor cuestionamiento. Suena extraño, ¿no? Sin embargo, muchas veces hacemos justo eso. Dejamos de preguntarnos y de buscar soluciones para cambiar lo modificable y aprender a vivir con lo que no se puede cambiar. Vamos entonces a repasar juntos algunos mitos y creencias comunes que nos impiden avanzar. Pensemos en este ejercicio como una forma de dejar en la puerta de entrada de este libro, en su primer capítulo, algunos de los prejuicios que venimos arrastrando para así ver juntos en los capítulos subsecuentes menores cargas de resistencia y mayor apertura y flexibilidad ante un escenario de posibilidades que está en nuestras manos.

Que te gusta sufrir

Cambiamos nuestra conducta cuando el dolor de no cambiar es más grande que el producido por el cambio.
HENRY CLOUD

El mito de que a esta vida se viene a sufrir y que vivimos en un valle de lágrimas no sé a quién se le ocurrió. Pero el problema no es quién lo dijo, sino quién y para qué quiere creerlo. Yo siempre he pensado que quien ve al sufrimiento como normal se le hace normal sufrir y entonces no hace nada para salir de él. Y conste que cuando digo "sufrir" tampoco hay que imaginarse necesariamente condiciones de esclavitud, tortura o enfermedad, sino situaciones que incluso a veces empiezan como placenteras y acaban por llevarnos muy lejos de los caminos que alguna vez pensamos seguir... La palabra sufrir significa más o menos "sobrellevar o soportar algo calladamente", así que aquí me referiré más al sufrimiento o al dolor desde el terreno de la mente, de la psicología y no tanto a sufrimientos físicos, que por supuesto también tienen repercusión en la esfera psíquica. Entonces, cuando hablo de sufrir me refiero a lo que nos duele pero que no decimos o no hacemos por cambiar; a algo que soportamos como si no hubiera nada más que hacer.

Es verdad que para llegar adonde queremos, debemos cruzar a veces por lugares o situaciones en las que no nos gusta estar y como ejemplo de esto está tu vida de todos los días. Cuando sales de tu casa (Punto "A") para ir a la escuela, al trabajo o adonde vayas (Punto "B"), cruzas calles, colonias, tránsito, personas, clima y otros contratiempos que no deseas, pero en tanto no se invente una máquina para teletransportarnos, es la manera de llegar a donde se quiere. Ese camino puedes sufrirlo o no; eso dependerá de lo que pase, pero especialmente de lo que te digas acerca de lo que pase y lo que en su momento hagas con eso. Tampoco estoy diciendo que ahora debes disfrutar el tráfico o el calor del transporte público y que basta con que te sientas con vida para que agradezcas al señor sol los favores recibidos en una tarde de verano encerrado en el metro. Hay días que no son tan buenos como otros, eso que ni qué, pero el hecho de que sufrir en algún momento de la vida sea inevitable no significa que no se pueda hacer nada con eso y con nosotros para apartarnos de esa condición.

Sufrir depende mucho de lo que tu mente está habituada a pensar ante ciertas circunstancias. Si alguien muere es probable que te duela la ausencia de esa persona. Pero si además tu mente empieza a producir pensamientos de indefensión (estaré solo para siempre), de desamor (ya nadie va a quererme), de injusticia (por qué te lo llevaste Señor) o de idealización (si era tan bueno y no hacía mal a nadie), seguramente tu sufrimiento será mayor. Además, como lo que queremos cambiar es el suceso (en este caso la muerte) en vez de nuestra postura ante ella, pues llega a nosotros la cruel compañera del sufrimiento, que es la indefensión. ¡Qué frustrante es querer cambiar algo que duele y no poder! En todo caso, el sufrimiento podemos verlo como una señal de alarma que se activa para hacernos salir del dolor; para buscar un cambio y crecimiento en la vida fuera de ese dolor. El objetivo, como solía decir el Buda, es ser felices y dejar de sufrir.

No es lo mismo el "sufrimiento" transitorio y de corta duración (que no haya salsa verde para los tacos) al que se presenta como una amenaza permanente e irreversible en nuestras vidas (la muerte de alguien), pero aun así lo reitero: yo no pienso que esta vida es para sufrirla ni creo que el sufrimiento purifica a nadie. Si puedes compartir conmigo este pensamiento, entonces los siguientes capítulos tendrán mucho sentido porque lo que deseo que tengas en mente es que siempre se puede hacer algo con lo que nos pasa, que siempre "hay de otra", así sea empezar a pensar o a relacionarnos de diferente modo con aquello que no podemos cambiar o es irreversible.

Cuando pensamos que sufrir es natural e inevitable, empezamos a soportar renuncias y sacrificios. La madre abnegada que se sacrifica por sus hijos y deja de estudiar, trabajar, incluso de cuidarse por ser una "buena madre". ¿Quién mira con malos ojos a una madre sacrificada? Y no estoy diciendo que esa madre debe desentenderse de sus hijos y vivir la "vida loca" (ya hablaremos de vivir en los extremos y del pensamiento blanco—negro). No es lo mismo poner en espera algunos proyectos y establecer prioridades que les confieren sentido, a renunciar definitivamente a una vida completa en nombre del amor o de ser "correctos". No se trata de dejar de ser uno para diluirse en la familia como si nos tragara. Una familia sana permite la individualidad de sus integrantes sin pedir sacrificios ni fomentar que "cada quien jale por su lado y vea para su santo".

Por supuesto no cierro los ojos a los que dicen que a otros "les gusta sufrir" o "sufren porque quieren". Yo no creo que a nadie en su sano juicio le guste sufrir, más bien hay quién aprendió a través del sufrimiento a obtener algo. Hay quien obtiene cariño, aceptación, lástima y otros se conforman sólo con ser vistos. Son personas que temen mucho dejar de sufrir porque piensan que si lo hacen, dejarán de ser tomados en cuenta. Siempre he pensado que estas personas pagan un precio muy alto por algo que es gratis para todo el mundo. Hay otros, un poco más retorcidos, que dicen sufrir para chantajear a otros a través de la culpa. Sienten que no sufren cuando hacen como que sufren y por dentro se ríen pensando: "Éste piensa que estoy sufriendo cuando en realidad soy muy listo al hacerle creer eso." La verdad es que tampoco se la pasan bien porque no pueden ser ellos mismos y viven con sus máscaras sufrientes sin mostrar nunca su verdadero rostro. Son como almas atormentadas y condenadas a una eterna máscara de dolor, como las del teatro. Son personajes que provocan culpa y remordimiento en otros porque es la única manera de liberarse de eso mismo que dentro de sí deben sentir y no pueden ver, pero lo sufren.

La idea entonces es buscar la salida del sufrimiento y no ponerse "cómodo" en él. ¿Para qué aprender como faquir a acostarse en clavos cuando ya se inventaron los colchones?

Que no te quieres

El gato que persigue a su sombra para atacarla no es porque la odie, es que probablemente piensa que su sombra es otra cosa.

M.G.

Otro mito del que me gustaría hablar antes de adentrarnos en las cosas que nos pasan es cuando te dicen: "Es que a ti te pasa eso porque no te quieres", o: "Pareces tu peor enemigo." ¿Cómo no te vas a querer? Si no te quisieras por qué estás leyendo este libro y no uno que se llame *Odiarte en 3 fáciles lecciones*. No, yo no creo que nadie se odie, sino que aprendió a mirarse y a pensar de sí mismo de una manera distorsionada.

Una paciente mía, aparentemente de la nada, montaba en cólera cuando discutía con su marido. Cuando él no estaba de acuerdo con ella le gritaba:

> *¡Claro, cómo te va a importar lo que te digo si soy una maldita vaca gorda, si soy una pobre estúpida que no tiene voz ni voto; cómo me vas a querer si te doy asco por vieja y aguada!*

La tragedia no era sólo esa, sino que su hija de 3 años presenciaba esas discusiones y la manera de mirarse de su madre. Parecía que lo normal era odiarse cuando estaba muy enojada. Y digo lo más trágico porque en el transcurso de la terapia, mi paciente recordó cómo aprendió de su madre las palabras vaca, gorda, estúpida y aguada cuando se refería a sí misma. Sí, la historia estaba en peligro de repetirse una vez más.

Si observamos el ejemplo anterior, en realidad nos damos cuenta de que no es el odio en sí el problema, sino el modo en que ella aprendió a través del espejo de su madre a mirarse. Un reflejo falso, distorsionado y dañino que nunca, hasta el proceso de terapia, se atrevió a cuestionar. Y no es que no estuviera pasada de peso, sino que ese estado se produjo precisamente como una manera de justificar en la vida adulta ese sentir que de niña no podía ligar con su apariencia. Pero no sólo es a través del espejo de los padres que uno aprende a mirarse, también con críticas directas y exigencias imposibles de cumplir de quienes más nos amaban, pero que justo por ese "amor" nos exigían la perfección.

Creer que no te quieres o te odias, te hace sentir tristeza, desesperanza y depresión. Puedes pasar largos momentos pensando, ¿por qué no me quiero? o, ¿cómo espero que alguien me quiera si ni siquiera yo me quiero? Todo esto se relaciona con una manera de ver la vida aprendida cuando éramos muy pequeños. Uno nace con la capacidad de pensar, pero a pensar nos enseñan nuestros padres; es decir, a desarrollar una determinada mentalidad que nos acerca o nos aleja de lo que realmente queremos. Son ellos los que nos muestran no cómo es el mundo, sino cómo lo ven ellos y así aprendemos a mirar más lo que nos gusta o lo que no nos gusta. Aprendimos a quejarnos sin hacer nada o quejarnos sin aportar recursos y encontrar soluciones. Aprendimos a callar o a levantar la voz ante las injusticias; a decir el enojo o a actuarlo de modo pasivo—agresivo para "no quedar mal". Aprendimos lo que es la gratitud profunda o simplemente a dar gracias porque es lo "correcto". Pero sobre todas las cosas, nos enseñaron a mirarnos como seres valiosos, con mucho que aportar y dignos de ser amados o sólo como "sus" hijos, aquellos a los que tenían que aguantar nada más porque los querían y que debían convertir en "personas de bien" a como diera lugar.

> *No es posible que traigas estas calificaciones. Tu única obligación es estudiar, no se te pide nada más. Nuestra obligación es mantenerte y hacerte una persona de bien, pero está visto que a ti no te importan los sacrificios que hacemos por ti, porque nada más vas a la escuela a perder el tiempo. ¿Sabes cuántos niños no tienen la oportunidad de estudiar y ni siquiera tienen qué comer? ¿A ti qué te falta, dime, qué te falta como para que vengas con estas calificaciones? ¿Tú crees que me dan ganas de firmar esta boleta? Me da vergüenza poner mi nombre en ella porque, sabes qué, la gente no hablará mal de ti sino de nosotros, dirán que somos malos padres, que no te queremos y no te sabemos educar, cuando la verdad es que eres un malagradecido, flojo y desobligado al que no le importa nada. ¿Pero, sabes qué? La culpa la tenemos nosotros por tratarte como no mereces, de ahora en adelante vas a ver cómo todo te va a costar. Se acabaron para ti los buenos tiempos.*

Si este tipo de mensajes se siguen repitiendo, ese niño al final acabará por internalizar esas críticas y ese rechazo a su identidad y terminará por hacerlos propios empezando a verse no como es, sino como le dicen que es. No se odiará, odiará la identidad que le construyen.

Podríamos pensar que en el futuro a este niño lo veremos como un adulto fracasado, pero no nos engañemos, porque muchos que creen odiarse a sí mismos ni siquiera se les nota. Estamos acostumbrados a pensar en ellos como personas que se descuidan, no se arreglan, no hacen mucho por mejorar y dejan sus estudios. Personas como abandonadas por sí mismas. Si bien es cierto que muchos pueden dar esta impresión, otros son personas que nunca te imaginarías cómo rechazan esta falsa identidad. Personas de todos los niveles, aparentemente exitosas, se sienten fraudulentas y farsantes. Otros aprendieron a rechazarse por partes, como cuando alguien no soporta alguna parte de su cuerpo y quiere cambiarla y luego de hacerlo se da cuenta de que hay otra parte de la que no se había dado cuenta que también "es horrible" y debe ser cambiada. Así hasta que acaban por no parecerse ni a lo que les dijeron que eran, ni a quien realmente eran.

Si aún no estás muy convencido de que no te odias y sólo aprendiste a mirarte de modo distorsionado, vamos juntos a repensar el odio. Freud sostuvo que, al nacer, el bebé se ama sólo a sí mismo y aprende luego a amar a todos los que le den placer (inicialmente a su madre porque lo alimenta y cuida). Entonces el odio, que en esa etapa no tiene el valor moral que de adultos le asignamos como algo negativo e incorrecto, se convierte en una especie de mecanismo de supervivencia cuando el bebé odia a todo lo que se interpone entre él y sus necesidades. Quiere sobrevivir porque se ama. Amarse es tan natural como odiar a todo lo que nos lastime. Aquí la cuestión es que algo se alteró en el camino y entonces el odio que se puede sentir a lo que nos lastima se revierte contra nosotros, no porque nos odiemos, sino porque justo dejamos de vernos como somos y nos miramos como el objeto odiado que nos obstaculiza el placer y la felicidad. Pensemos en esto como una reacción autoinmune. El cuerpo empieza a defenderse como si sus propias células fueran el enemigo, no porque se odie a sí mismo. Si las células que nos defienden dejaran de "creer" que las otras células son una amenaza, dejarían de atacarlas, pero justo en ello radica el problema: no las "ven" como realmente son y sí como aprendieron por alguna razón a "mirarlas". Bueno, pues a grandes rasgos pensamos en este asunto de "odiarte" como algo parecido. No te odiarías si pudieras verte como en realidad eres, dejarías de tener ese efecto "autoinmune psicológico" pensando que eres la amenaza con la que hay que acabar.

Tal vez sustentas la creencia de que no te quieres porque cada vez te metes en más problemas en vez de desenredarlos; porque te malpasas, no comes bien o no duermes lo que deberías. Incluso porque aguantas abusos o llevas una relación tóxica de la cual no sabes cómo salir. Suena lógico hasta cierto punto hacer las cuentas y que te den ese resultado. Bueno, si no te quisieras o te gustara sufrir, todas esas cosas serían para ti una gran fuente de placer y no de sufrimiento. Estarías recibiendo tu merecido.

¿Por qué es tan importante que empieces a pensar diferente respecto a la creencia de que te odias o no te quieres?

- Porque justo es una creencia; es decir, no es verdad. Es una distorsión de cómo te ves y mientras más tiempo la sostengas, más "evidencia" encontrarás de que es verdadera y más complicado será removerla.
- Porque creerlo te hará más difícil buscar ayuda y si la encuentras, sentirás que no mereces recibirla. Querernos y desear estar bien es lo que nos hace ir a terapia, por ejemplo.

- Porque sentir que te odias te hará creer que mereces todo tipo de castigos, todo lo malo que te pasa y no sólo no puedes hacer nada, sino que no debes, porque es la única manera de recibir tu merecido por ser lo peor de lo peor.
- Empezarás a creer que no mereces ser feliz, que lo que la vida quiera darte está bien y ya sabes que la felicidad, si llega, no va a durarte o tendrás que pagar por ella con largos periodos de sufrimiento.

Con todo esto que te digo no espero que si piensas o, peor aún, sientes que genuinamente te odias, empieces a sentir que ya te amas. Entiendo que hay muchas corrientes y modelos que explican el odio a uno mismo muy detalladamente y validan su existencia como algo muy profundo que proviene de nuestra mente inconsciente. No digo que no tenga una parte interesante adentrarse en esas teorías, pero no estamos aquí para que tú aprendas psicología y sí para que encuentres soluciones. Lo único que me gustaría es que te abrieras a la posibilidad, sólo a la posibilidad, de que realmente no te odias, no eres diferente al resto que busca ser feliz y lo que tienes es un aprendizaje distorsionado. En el siguiente capítulo trataremos con más detalle el tema de la autoestima.

Que la culpa es del destino

Si un gato negro se cruza en tu camino,
eso significa que el animal va a algún sitio.
GROUCHO MARX

"Ya estaba escrito" o "Es el destino" son dos frases muy socorridas en nuestro contexto cultural, ya sea para "explicar" el origen o causa de las cosas que no entendemos (o no nos tomamos la molestia de analizar) o para consolarnos pensando que como nada puede hacerse contra lo que "ya está escrito", sólo queda soportar lo inevitable con resignación. "Nada contra el destino", reza un epitafio en una tumba del cementerio. Pero una cosa es que ciertas cosas sean inevitables (como la muerte) y otra muy diferente que esté escrito en alguna especie de papiro metafísico la fecha y hora de la muerte de cada uno. Otra frase prima hermana de las anteriores, aunque quizá más corrosiva porque puede ser vista de varias maneras, es la de "Las cosas pasan por algo". Y claro que las cosas pasan por algo, sólo que muchas cosas no comprendemos por qué pasan. Sin embargo, digo que esta frase es corrosiva porque, aunque vista desde este ángulo es verdad (toda consecuencia tiene una causa), muchas personas la toman con un significado misterioso buscando justificar la causa de un suceso como algo oscuro, místico, divino, indescifrable o un mensaje codificado que el destino nos quiere hacer llegar. Son los famosos caminos misteriosos que ni siquiera vale la pena tratar de entender porque parecerían ser de algún reino incomprensible para la mente humana. Y claro que aún hay mucho por saber en el universo, pero poco a poco la ciencia ha demostrado que si se cuenta con las herramientas y métodos necesarios es muy posible encontrar la explicación de un fenómeno.

Por supuesto que si tú eres de los que creen en el destino o la predestinación, puedes saltarte este capítulo sin remordimiento alguno porque, si tú no quieres, no hay manera de que yo ni nadie te haga cambiar de opinión. Uno no decide creer en algo; uno cree en algo porque lo siente. ¿O empezarías a creer en extraterrestres si alguien te diera cien mil pesos? Yo creo que muchos dirían que sí creen por una suma así, pero la realidad es que sería sólo eso; con ello estarían diciendo que creen sin creer.

Lo mismo aplica a la inversa. Si alguien cree en Dios, ni con 10 veces esa cantidad dejaría de creer. Vamos, ni con tortura. Y no es porque haya que dejar de creer o empezar a creer en algo. De hecho, no tiene nada de malo si crees en el destino y sientes que el tuyo es triunfar y ser feliz y eso te mueve a buscar cómo lograr que se cumpla. Estaríamos hablando de una creencia funcional para ti, independientemente de que sea o no verdad. Pero, ¿qué pasa cuando alguien cree que su destino es sufrir? Que no importa cuánto haga o qué haga, si está escrito que le irá mal. Que está pagando una especie de Karma ancestral por los pecados de su linaje maldito. También da lo mismo que esto sea o no verdad; lo importante es que si alguien cree esto profundamente, con seguridad tomará muchas decisiones basándose en esta creencia y su indefensión ante ella será total.

Lo mismo pasa para los que creen ciegamente que los astros nos mandan mensajes o nos destinan a través del horóscopo. Por ejemplo, veamos cuál podría ser una descripción de tu personalidad a través de los astros. Lee el siguiente párrafo y mira en qué te identificas con él asumiendo que naciste entre 1930 y 2016, pero especialmente después de 1984, en un país occidental.

> *Tienes la necesidad de que otras personas te aprecien y admiren, sin embargo, eres crítico contigo. Aunque tienes algunas debilidades en tu personalidad, generalmente eres capaz de compensarlas. Tienes una considerable capacidad sin usar que no has aprovechado. Tiendes a ser disciplinado y controlado en lo exterior, pero preocupado e inseguro por dentro. A veces tienes serias dudas sobre si has obrado bien o tomado las decisiones correctas. Prefieres una cierta cantidad de cambios y variedad y te*

sientes defraudado cuando te ves rodeado de restricciones y limitaciones. También estás orgulloso de ser un pensador independiente y de no aceptar las afirmaciones de los otros sin pruebas suficientes. Pero encuentras poco sabio el ser muy franco al revelarte a los otros. A veces eres extrovertido, afable y sociable, mientras otras veces eres introvertido, precavido y reservado. Algunas de tus aspiraciones tienden a ser bastante irrealistas.[1]

Algo de lo que acabas de leer en alguna medida se ajusta con tu personalidad o identificas elementos que no te son del todo ajenos cuando piensas en ti mismo, ¿no es así? Pues bien, este texto proviene de un supuesto test de personalidad que el psicólogo norteamericano Bertram R. Forer aplicó a unos alumnos suyos en 1948. El experimento consistió en darle a sus alumnos el supuesto test y luego entregó los "resultados obtenidos" a cada uno. El resultado era el texto que acabas de leer y a todos les entregó el mismo párrafo sin decirles que para todos era igual. Luego les pidió calificar qué tan acertado creían que había sido en relación con lo que ellos creían de sí mismos. Les dio una escala del 0 (nada acertado) al 5 (muy acertado) para medir la eficacia de la prueba. La calificación promedio que los alumnos dieron fue de 4.2; es decir, bastante acertado. Por supuesto que una vez terminado el experimento, el doctor Forer reveló a sus alumnos la verdad y también de dónde había sacado el texto. Lo armó de fragmentos de diferentes horóscopos. A este experimento se le conoce como el "Efecto Forer" o "Falacia de validación personal". Este efecto dice que las personas dan

---

[1] Bertram R. Forer, 1948

mucha credibilidad a descripciones vagas que identifican como "relacionadas específicamente" con ellos. Es un poco como si nos sintiéramos especiales y creemos que los astros, el destino o la suerte nos hablan a nosotros. Pensamos que "la vida nos quiere decir algo" y vamos viendo señales y mensajes simbólicos por todas partes; asumimos que están destinados a nosotros y con base en eso vamos tomando decisiones. El zodiaco y sus signos son muy interesantes, y hasta entretenidos, si los vemos como lo que son: el zodiaco y sus signos.

Pero, como decía, mi intención no es hacerte creer nada o dejes de creer en algo si eso te hace genuinamente feliz. ¿Quién podría decir que tiene la verdad absoluta de las cosas más allá de toda duda? Es más, seguro si crees en el destino o en la suerte es porque así lo aprendiste a creer; porque eso fue lo que te enseñaron y dejaste de cuestionarlo. Nuestros padres, la cultura y la sociedad ejercen una presión muy importante sobre la persona para que se amolde a las creencias del grupo y así pertenecer a él. Por supuesto que, a pesar de todo esto, podrías empezar a cuestionarte no sólo el origen de estas creencias, sino su validez y, sobre todo, su utilidad para tu vida. Uno siempre puede arriesgarse en la búsqueda de evidencia que confirme o refute lo que hasta ahora se ha creído y abrirse a nuevos argumentos que sustenten lo que se cree. Eso sí estaría en tus manos, por supuesto, siempre que quieras y te sientas capaz de dudar de tus certezas sin entrar en pánico o en una crisis existencial aniquiladora. O tal vez ya hasta le agarraste cariño a tus creencias, mitos y supersticiones y decidiste que no los vas a cuestionar.

Pero volvamos a los problemas que nos causan creer en el destino. Por ejemplo, hablando de las relaciones de pareja, cuando crees en el destino dejas de desarrollar habilidades y te dedicas a buscar a la persona "correcta", a tu alma gemela. Te pasas la vida buscando compatibilidades pensando que para ti hay una persona a tu medida allá afuera y que tu único trabajo es salir a buscarla y tener la suerte de encontrarla. Es muy poco probable que una relación funcione por arte de magia. Las relaciones de pareja pertenecen al reino de lo social y se fundamentan en el lenguaje y en los acuerdos que a través de éste puedan conseguirse. De poco sirven los tréboles de 4 hojas y amuletos cuando las cosas van mal (a menos que el supuesto amuleto te dé seguridad, esta seguridad tranquilidad y la tranquilidad te haga actuar de maneras menos hostiles en tu relación, lo que posiblemente traiga una mejora que por supuesto atribuirás al amuleto y no a su efecto en tu conducta). Otro problema es creer en lo "escrito" o el "destino" cuando mantienes una relación de compromiso y esta va mal (pareja, trabajo, etcétera); te justificas así: "Esto no era para ti", y lo mejor es dejar todo en paz, porque "lo que es para ti, aunque te quites y lo que no, aunque te pongas". Renuncias a oportunidades, no desarrollas habilidades para la resolución de problemas y no hay cambio ni mejora en ti cuando el mal viene del "destino".

¿Y qué tal cuando llega la hora de tomar decisiones? Cuando estas decisiones son importantes y no tenemos una respuesta clara, la ansiedad se apodera de nosotros y entonces nos refugiarnos en el destino. "Lo que tenga que ser, será", nos decimos. Así, si nos va bien, era el destino. Sí nos va mal, también era el destino. Qué liberador para la ansiedad ver las cosas así. Es por eso que es tan tentadora la explicación de "lo que está escrito". Nos libra de decisiones conscientes, nos quita responsabilidad, nos libera de culpas y otorga un sentido a lo que no podemos entender delegando todo a una voluntad superior. Ya Erich Fromm se preguntaba: "¿Puede la libertad volverse una carga demasiado pesada para el hombre, al punto que trate de evitarla?" Muy posiblemente la libertad nos asusta porque con ella viene la responsabilidad de las decisiones tomadas y no tomadas. Las de resultados favorables y las de otros que nos complican la vida.

Con todo esto no afirmo que hay que oponerse a las cosas que pasan y "rebelarse contra el destino". De hecho, un proceso de crecimiento viene de la mano de una gran dosis de aceptación de muchas de nuestras conductas o de los sucesos que no podemos controlar. Pero aceptación no es lo mismo que resignación, sino el paso primero para mirar las cosas como son, sin tanto prejuicio. Tampoco es lo mismo aceptar los hechos de la vida que creer que estaban predestinados. Es verdad que las cosas pasan, lo que dudo es si eso que pasa, pasaría sin importar lo que yo hiciera o dejara de hacer.

Esto de creer en el destino es probablemente otro mito que nos impide el cambio y nos refugia en una pasividad paralizante y en un estado de resignada indefensión. Quizá convenga no vernos como juguetes del destino y sus fuerzas misteriosas. Seguramente nos ayudará más mirarnos como seres con capacidad de influir mediante nuestras decisiones en nuestro entorno y dirigir nuestra vida razonablemente, hacia donde queramos ir, dentro de nuestras circunstancias.

Dejemos de buscar señales y empecemos a ver las huellas que dejamos, en dónde estamos parados y sobre qué superficie será el próximo paso que vamos a dar. Ocupémonos más de nuestro mundo interior y dejemos a las estrellas brillar en paz.

Que las personas no cambian

—¿Podrías decirme, por favor, qué camino
debo seguir para salir de aquí?
—Esto depende en gran parte del sitio al que quieras llegar —dijo el Gato.
—No me importa mucho el sitio... —dijo Alicia.
—Entonces tampoco importa mucho el camino que tomes —dijo el Gato.
—... siempre que llegue a alguna parte —añadió Alicia como explicación.
—¡Oh, siempre llegarás a alguna parte
—aseguró el Gato—, si caminas lo suficiente!
LEWIS CARROLL, *ALICIA EN EL PAÍS DE LAS MARAVILLAS*

Seguramente has escuchado hasta el cansancio frases y refranes que tienen como tarea convencernos de que, por más que hagamos, nunca cambiaremos. Tenemos las clásicas: "Genio y figura hasta la sepultura", "El que nace para maceta del corredor no pasa", "La cabra siempre tira al monte" o "Árbol que crece torcido, jamás su rama endereza". Pero si no has escuchado ninguna de las anteriores, seguro la frase "Las personas no cambian", sí. ¿Qué tan real es eso? ¿Qué es cambiar en todo caso?

Cambiar, en su sentido más amplio, no significa para nada dejar de ser tú. Es seguir siendo quien eres, pero quizá modificando algunas cosas. Seguro algunas te gustan de ti o de lo que haces. Otras te gustaría hacer o lograr y otras francamente quieres dejar, pero sientes que no puedes y ya más bien estás como en la resignación del "pues ya, así soy". La realidad es que no eres: estás siendo. Y como estás siendo de una manera, también podrías empezar a ser de otra que te acerque más a lo que quieres o a cómo quieres ser. Por supuesto las personas pueden cambiar, sólo que el cambio no es ni mágico ni de 180°. Tampoco es cosa de que simplemente lo decidas o lo desees, por más que tus sabios amigos o familiares te revelen el secreto de la vida cuando te dicen "tú no cambias porque no quieres". A veces aunque quieras no resulta sencillo modificar algunos de nuestros hábitos más arraigados. Vencer la inercia es pesado pero no imposible. La cuestión es hacia qué dirección y en qué medida conviene que sea nuestro cambio.

Obviamente no vamos a caer en el juego de "quiero cambiar, ya no quiero ser humano y ahora quiero volverme chango; a ver, ¿cómo le hago?". Cualquiera que se haga este planteamiento ya no está tan alejado de ese deseo. Hay personas que con tal de ya no sentirse como se sienten, estarían dispuestos a ser cualquier cosa, lo que sea, porque tampoco les queda muy claro quién o cómo están siendo y, como ya vimos, creen que son otra cosa.

Como decía, cambiar no es un acto de magia; es un proceso que empieza con una toma de conciencia: ¿Cómo estoy siendo ahora? ¿Cómo quiero llegar a ser? También podríamos verlo no sólo como un "ser", sino además como un "estar". ¿Dónde estoy hoy? ¿Hacia dónde y cuánto conviene moverme para llegar al lugar que quiero? Vamos juntos a reflexionar sobre algunas cuestiones alrededor de esto.

Qué es el cambio

El diccionario de la Lengua Española nos dice que *cambio* es el efecto de cambiar y que a su vez cambiar es dejar un estado, cosa o situación para tomar otra. Con el cambio entonces no nos quedamos con las manos vacías; dejamos una cosa para tomar otra. ¿Pero, qué dejamos? Básicamente podemos decir que dejamos un estado de persistencia para llegar a otro lado. Ahora bien, aquí suele surgir un razonamiento lógico muy interesante cuando pensamos en persistencia y cambio. La persistencia nos suena estática y el cambio dinámico. Parece que no tenemos que hacer nada para que la persistencia se dé; como si ésta no requiriera de energía alguna y fuera algo natural, ¿no es así? Persistir suena a nada más estar ahí y ya. Por otra parte, con el cambio, de inmediato pensamos en un movimiento, en un esfuerzo y energía. Es por eso que la persistencia o un "quedarte como estás" parece más sencillo y el cambio se ve más complicado. Pero pensémoslo dos veces. Piensa en un hábito que quieras dejar; fumar, por ejemplo. Es verdad que pensar en cambiarlo puede sonar complicado y hasta pienses que no vas a poder y ya mejor te quedas como estás. ¿Pero cuánta energía inviertes en la persistencia? Desde los recursos económicos hasta lo que haces para mantenerlo (buscar lugares donde sí puedas fumar, tener una especie de cenicero, algo con qué encender los cigarros, moverte para comprarlos, etcétera). Esto sin dejar de lado los problemas en que te metes con seres cercanos a los que no les gusta que fumes o el malestar que sientes cuando te decepcionas de ti por no lograr algo que parece "tan simple". Si cambiar te parece complejo y costoso, quedarte como estás tampoco es de lo más placentero ni carece de consecuencias.

Con esto no estoy diciendo que cambiar sea más sencillo que persistir, sólo digo que ambos requieren energía. Uno para moverte y otro para quedarte como estás. En suma, podríamos decir entonces que cambiar es el proceso de dejar un viejo estado de persistencia para pasar a otro nuevo estado de persistencia. La idea es que este último ya no te dé tantos problemas o puedas convivir más satisfactoriamente con él.

Qué cambiar

Lo que quieras o te convenga cambiar. Puede ser un hábito, una creencia, una conducta, incluso hasta elementos de tu personalidad, si algo de ella te causa problemas. Aquí la clave está en que realmente quieras o te convenga el cambio y no que quieras modificar algo porque a otros les parezca que debas hacerlo o no hacerlo. Es verdad que somos seres sociales y que lo que los demás piensen de nosotros es importante en cierta medida, pero si las razones del cambio son para dar gusto a alguien más, quizá no es el mejor argumento. Esto te podría llevar a estados que realmente no deseas o que incluso ni siquiera te convienen. Tan malo me parece querer cambiar y no saber cómo hacerlo, que hacerlo sin que realmente se quiera.

¿Qué pasa si hay algo que sabes que debes cambiar, pero no quieres hacerlo? Para empezar no "tienes" que cambiar nada. Quizá lo que quieres decir es que te convendría hacer un cambio por salud, economía, por mejorar tus relaciones, dejar de sufrir o simplemente por estar mejor. Es verdad que, al menos al principio, no todos los cambios o la idea del cambio nos parece atractiva, pero muchas veces tomamos la decisión de movernos no porque nos guste, sino porque nos conviene, ya que ese cambio nos llevará a un estado que es muy probable acabe gustándonos. Por ejemplo, estudiar o trabajar. A muchos no les gusta la idea de hacerlo y preferirían pasar la vida haciendo otra cosa, pero hemos estructurado nuestras sociedades de tal manera que esas cosas nos ofrecen una ventaja. Son un vehículo para otra cosa más placentera. Entonces, si no estudias o trabajas porque te gusta, lo haces porque te conviene; porque eso te lleva idealmente a un estado donde obtienes beneficios que sí te agradan. Otro ejemplo es el de una cirugía; no es algo que a la mayoría le guste, pero para muchos es algo que conviene hacer para recuperar la salud. Por supuesto que lo ideal sería que aprendiéramos a que nos guste lo que hacemos o que encontremos otro vehículo que nos lleve al mismo destino. Eso también es un cambio.

Para qué cambiar

Evidentemente, para salir de un estado *displacentero* o alcanzar uno nuevo más deseable y satisfactorio. Pero ya mencioné que las razones del cambio deben venir de dentro y no tanto de afuera; es decir, de tu deseo o tu convencimiento para cambiar. Podrás estar de acuerdo con alguien acerca de un cambio, incluso hacer un compromiso con ese alguien y saber que si no cumples lo prometido, habrá consecuencias negativas, y aún así no cambiar nada porque tal vez no estabas convencido.

Pensemos, por ejemplo, en tres dominios de la persona para identificar las razones de tu cambio:

- Yo real
  - Es el cómo te percibes en este momento o crees que los demás te perciben en la actualidad. Aquí están los atributos y cualidades que crees tener. Si estás a gusto con ellos, no pensarás en hacer cambios.
    - Puede gustarte ser emprendedor, leal e inteligente.
    - Puede no gustarte ser perezoso, no tan honesto o de temperamento explosivo.
  - Aunque hay cosas que te gustan y otras que no, estás razonablemente bien con este Yo real. Entonces te quedas aquí un rato adaptándote a él, pero sin sentir gran malestar.
  - La idea del cambio viene de sentirte inconforme con el lugar donde estás o con el Tú que eres (Yo real).

- Si algo te resulta muy desagradable querrás moverte; salir de ahí. La pregunta es ¿hacia dónde? Porque si lo que sabes es que estás parado en un sartén caliente y eso te quema, puedes saltar para donde sea, el riesgo es que sin saber a dónde, caigas en el fuego.
- En cambio, si te sientes razonablemente a gusto con el Yo real, pero ya tienes una idea de lo que quieres mejorar y dónde quieres ir, puedes salir de esa sartén o de una playa, porque sabes que hacia donde vas no sólo estarás más seguro, sino también más feliz. Ya tienes un rumbo.

- Un aspecto preocupante del Yo real es que no lo aceptes o abiertamente lo rechaces. El que tú eres hoy, por más que no te guste, es la única materia prima que tienes para cambiar. Entiendo que hay cosas que realmente pueden desagradarte de ti o hacerte sentir avergonzado, pero para acceder al cambio debes ser un poco más suave con ese tú del momento presente. Piensa que este Yo real llegó a ese estado por las decisiones de otros Yo del pasado y que quizá tampoco quiere estar aquí... como dije, a nadie le gusta sufrir.

- Yo ideal
  - Aquí está lo que quieres ser porque crees que si alcanzas este ideal, algo mejorará en tu vida. Es la tierra de las aspiraciones, los deseos, los sueños personales y el bienestar. Muchos depositan aquí la felicidad como la gran meta de este Yo ideal. Cuando tu Yo real no es como el Yo ideal, es cuando empiezas a moverte hacia este último. Digamos que es el Yo que te motiva a cambiar.
  - Tus estándares para formar este Yo ideal te parecen deseables, positivos y deberían parecerte alcanzables y merecerlos.

- Es interesante reflexionar de dónde sacas los estándares para formar los componentes de este Yo ideal. Frecuentemente vienen de aprendizajes familiares, sociales o conjeturas personales derivadas de lo anterior y aunque siempre vienen de "afuera", ya los internalizamos; los hicimos nuestros y estamos convencidos de que son el ideal a alcanzar.
- Algo que suele presentarse aquí, y desde mi punto de vista no ayuda, es empezar a fantasear con este Yo ideal como un Yo idealizado sin problemas, o un Yo "perfecto e infalible". Esto no es lo que buscas. El Yo ideal se trata de un estado donde has hecho algunos cambios que has querido, o que convenía hacer, pero hay otros aspectos que persisten y con los que tendrás que vivir hasta que te adaptes a ellos o decidas también cambiarlos. Es un Yo humano que sabe que siempre se puede mejorar.
- Otra cosa importante es que este Yo ideal, cuando lo alcances, se convertirá en tu nuevo Yo real con el que habrás de estar satisfecho un tiempo antes de aparecer en tu futuro un nuevo Yo ideal y así sucesivamente hasta darte cuenta de que pudiste estar conforme con quien eras desde hace mucho tiempo.

- Yo, que se supone debería ser
  - Este es el Yo que crees que debes o deberías ser. Digamos el Yo "correcto", un Yo de las obligaciones y los deberes, más que un ideal. Generalmente los estándares de este Yo vienen de reglas y códigos sociales y se suelen basar en una supuesta excelencia o moral. Es un Yo altamente regulado por estos códigos y por la sociedad. Es un Yo más social que personal, por lo que pudiera ser no deseado y más impuesto (o autoimpuesto) y obligado.

- En un aspecto negativo, la búsqueda de este Yo podría hacerte caer en una auto exigencia muy alta y en estados de ansiedad, depresión o frustración e insatisfacción. Es verdad que al ser seres sociales buscamos cumplir con ciertos estándares de conducta para ser bienvenidos en la sociedad, pero en ocasiones el precio de cumplir estándares muy rígidos es la pérdida de identidad o el sacrificio. Aquí es donde puede haber un tipo de cambio que no se quiere tener, pero se piensa que conviene, aunque al final no sea así cuando lo que hay que pagar es mayor que el beneficio obtenido.

Voy a resumir en una gráfica lo que acabo de explicar:

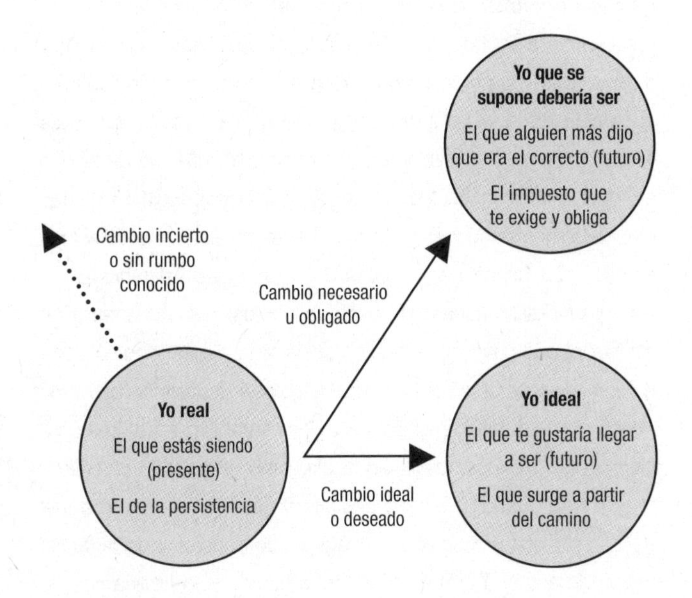

Cuando hablamos de cambiar o de posibilidades no es poco común escuchar a alguien decir "no tuve opción" o "no me quedó de otra". No es complicado ver que esto no es verdad. Siempre tenemos opciones, lo que pasa es que muchas de ellas no las queremos tomar, ¿no es así? En la gráfica anterior sólo dibujé tres caminos posibles, pero imagina por un momento al círculo del Yo real como un sol desde donde salen muchos rayos o caminos (posibilidades de cambio). Podrías tomar cualquiera (siempre hay "de otra"), pero no tomarías cualquier camino, sino el que realmente te lleve a donde quieras llegar.

Cuánto cambiar

Otro mito del cambio es que tiene que ser rápido y radical. Y digo que es un mito porque no siempre es así, emprender grandes cambios de la noche a la mañana es algo que a unos les funciona y a otros no. Es como decir que porque alguien cambió rápidamente el cambio no le va a durar; por supuesto que esto tampoco es verdad. Hay mucho involucrado en el cambio más allá de lo que es ideal o de lo que creemos se debería hacer. Existen miedos que debemos escuchar y dejar ir, necesidades por satisfacer y estrategias a desarrollar para salir del estado de persistencia.

Aun así, muchas personas se desilusionan por creer que otros sí pueden hacer grandes cambios "en caliente" con sólo tronar los dedos y ellos hacen cambios tibios y descafeinados. A mí nunca me ha gustado menospreciar los cambios porque, sea para bien o para mal, cambiar sólo la dirección de nuestro objetivo y movimiento puede hacer grandes diferencias. Pensemos en aquel destino del que ya hablamos. Imagina que tu destino es llegar de tu estado actual a un punto "X" en el futuro. Si lo graficamos de una manera muy simple se vería algo como esto:

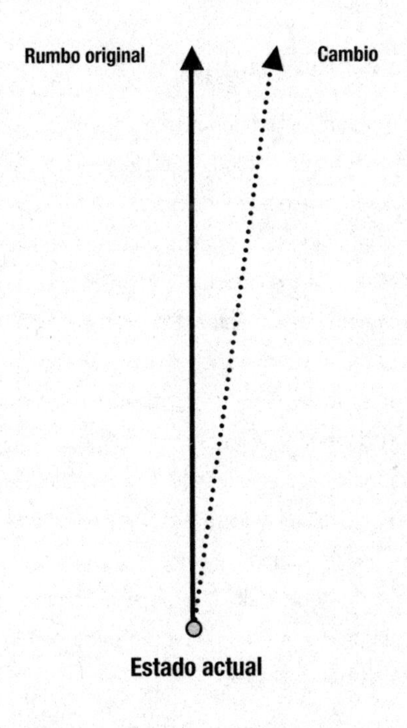

Si observas, tanto la línea del rumbo original (recta) como la del cambio (punteada) parten del mismo origen. Pero el rumbo que llevan es ligeramente diferente; pensemos que apenas es de un grado entre los 360 grados que podría haber de variación. Sin embargo este pequeño cambio, en su origen aparentemente insignificante, es suficiente para que al paso del tiempo la diferencia sea más notoria. Si la línea fuera más larga, el cambio sería mayor y llegaría el momento en que nadie pensaría que ambas líneas partieron del mismo punto. El cambio puede ser sorprendente si persistimos en él durante el tiempo suficiente. El mensaje entonces es: cambia lo que quieras y que sea posible para ti en este momento, en la medida que puedas hacerlo y deja que quienes todo lo cambian ya, aquí y ahora, tomen su propio camino.

En qué dirección cambiar

Muy buena pregunta, porque en nuestro ejemplo de las líneas te podrías haber movido un grado a la izquierda y no a la derecha. El cambio consciente, voluntario y deseado debe ser en la dirección que te acerque a lo que tú quieres; pensemos nuevamente en tu Yo ideal. Si sientes que tus decisiones iniciales te alejan de ese yo, cambia de dirección cuanto antes. Pero ten cuidado: el miedo te puede hacer cambiar de dirección muchas veces y la desilusión detenerte y querer volver. Es normal; sólo tómalo en cuenta y sigue en la dirección del encuentro con ese Yo ideal. Nadie te puede decir hacia dónde ir, eso lo decides tú. Una brújula puede marcarte el rumbo, sólo tú sabes si quieres ir al Norte o el Oeste.

Cambiar incluso puede ser retomar un rumbo si es que lo has desviado sin proponértelo. "Retomar el camino", le llaman a esto y eso también es un cambio sobre otro cambio que no se tuvo la intención de hacer.

Hasta dónde cambiar

Hasta donde tú quieras, siempre que, como he dicho, ese cambio te acerque a lo que buscas y no haya sacrificio tal que ya ni tenga sentido llegar porque termines acabado. ¿Hasta dónde debes abrir la llave del agua caliente y del agua fría en la regadera por la mañana? Hasta donde su temperatura sea razonablemente cómoda para lo que buscas. Una vez que alcanzas esa temperatura, abrir más la caliente o la fría no sólo te puede generar incomodidad, incluso si se abren más de la cuenta, hasta un problema de salud.

Hace mucho tuve un paciente que me contó que años antes de conocernos no sabía poner límites. Las personas transgredían su espacio personal y no eran nada respetuosas de sus necesidades y su tiempo. Tenía mucho miedo de decir "No", "Basta" o "Ya no más" por miedo a lastimar o al rechazo. Su autoestima estaba muy dañada y quería hacer un cambio. Compró muchos libros de autoayuda que, dicho por él, lo hicieron sentir empoderado y empezó a poner esos límites que tanta falta le hacían. Por supuesto que muchos que abusaban de él ya no estuvieron conformes y se alejaron de su vida. Sólo permanecieron quienes realmente lo valoraban y sabían respetarlo. Pero él no se detuvo; empezó a poner límites más allá de lo que le hubiera gustado y entonces no permitía comentarios ni sugerencias, así vinieran de personas que lo amaban y genuinamente se preocupaban por él. Poco a poco los amigos se fueron alejando, luego la pareja y finalmente la familia. Se convirtió en una especie de prisionero de sus propios límites por no haberse detenido a tiempo. "Agarró parejo", dirían algunos. Al final, cuando empezamos la terapia era un hombre muy resentido, encerrado en sus propios muros.

Ya hablaremos con más detalle sobre los extremos y los límites.

¿Y si me equivoco y ese cambio no es lo que yo quería?

No encuentro mejores palabras que las que usó Carlos Castaneda en su libro *Las enseñanzas de Don Juan,* para responder a esta pregunta:

> *Cualquier cosa es un camino entre cantidades de caminos. Por eso debes tener siempre presente que un camino es sólo un camino; si sientes que no deberías seguirlo, no debes seguir en él bajo ninguna condición. (...) Sólo entonces sabrás que un camino es nada más un camino, y no hay afrenta, ni para ti ni para otros, en dejarlo si eso es lo que tu corazón te dice. Pero tu decisión de seguir*

en el camino o de dejarlo debe estar libre de miedo y de ambición. Te prevengo. Mira cada camino de cerca y con intención. Pruébalo tantas veces como consideres necesario. Luego hazte a ti mismo, y a ti solo, una pregunta. Es una pregunta que sólo se hace un hombre muy viejo. (...) ¿Tiene corazón este camino? Todos los caminos son lo mismo: no llevan a ninguna parte. Son caminos que van por el matorral. (...) ¿Tiene corazón este camino? Si tiene, el camino es bueno; si no, de nada sirve. Ningún camino lleva a ninguna parte, pero uno tiene corazón y el otro no. Uno hace gozoso el viaje; mientras lo sigas, eres uno con él. El otro te hará maldecir tu vida. Uno te hace fuerte; el otro te debilita.

A veces desde niños nos enseñan a "no echarnos para atrás", a que debemos acabar lo que empezamos sin importar el costo. Que si ya empezamos a estudiar una carrera ahora la acabamos porque "no estamos jugando". Si bien es verdad que la palabra y la responsabilidad es parte de lo que nos constituye, también lo es que esta vida es una y lo que se debe está más en el reino del "Yo creo que debería ser" y no siempre en el del "Yo ideal". No sé si a las puertas del cielo (pensando que las hay) habrá una entrada VIP para los que fueron cumplidos aunque no hayan sido felices. Y con esto no digo que si algo no te gusta lo dejes sin más así hayas empeñado tu palabra, pero incluso con costos siempre hay manera de deshacer un contrato, ¿no es así? Sobre todo si este consiste en alguna de las variantes de "vender el alma al diablo"

Si en algún momento tomaste una decisión o hiciste una promesa y ésta va contra lo que tú quieres en la vida, entonces reconoce que no quieres seguir, pide perdón de ser necesario, hazte cargo de tu incumplimiento y entonces dirígete con más cuidado hacia donde quieres ir.

Aun así, no abandones el camino por miedo; tener miedo es natural cuando vas por los caminos del cambio. Tampoco te desvíes de tu ruta porque algo sea una atracción del momento; es fácil perderse en la ambición o en el conformismo. Abandona el camino si sientes que te está alejando de lo que tu corazón realmente quiere; si sientes que en ese camino no eres libre de ser tú y de empezarte a parecer al Tú ideal.

Quiero cambiar, pero no he podido

Es muy frustrante intentar algo y no lograrlo. Sabiendo que el cambio es posible, quizá lo que pasa en tu caso es que no has encontrado cómo hacerlo o hacerlo sin ninguna consecuencia negativa. Todos los cambios tienen consecuencias y también de ellas es posible hacerse cargo. Cuándo alguien no sabe algo, la solución está en aprender o buscar un guía que nos encamine. Alguien que conozca los caminos de la mente y nos oriente en este proceso para desarrollar la habilidad luego de hacerlo por nuestra cuenta. Una buena idea puede ser la de buscar ayuda profesional, dependiendo del tipo de bloqueo o situación que te impide moverte. Puedes recurrir a un entrenador o a un psicoterapeuta, por ejemplo. ¿Un amigo? Sí, podría ser siempre que ese amigo tenga las herramientas para ayudarte a salir de ahí y no sólo te eche porras para que salgas. Pero aun si encuentras a ese amigo y no avanzas, entonces no pierdas más el tiempo y acércate a la ayuda profesional. No es poco común que lo que nos impide avanzar en estos casos no es tanto un *no poder*, sino un no dejar de hacer lo que sea que hacemos para mantenernos en un estado de persistencia.

A veces cuando no nos movemos se debe a que anticipamos consecuencias muy negativas y catastróficas como precio a pagar por nuestra osadía de querer cambiar. Por supuesto que, como ya vimos, a nadie le gusta sufrir y anticipar resultados negativos nos paraliza. La cuestión es qué tanto eso que tememos es probable que suceda o qué tanto esos temores en realidad viven más en el mundo de nuestros pensamientos paranoicos. Otra razón para no cambiar tiene que ver con que una parte de ti esté obteniendo ciertos beneficios de quedarse en el estado actual. Aunque de manera consciente no puedas identificarlos, ya veremos que no todo es blanco o negro y muchas veces no se quiere perder lo que se tiene ante la incertidumbre de otra cosa, por buena que pueda resultar. También en estos casos conviene buscar ayuda profesional en vez de complicarse la vida caminando por "la ruta más larga".

¿Qué vimos en este capítulo?

- Duda de tus certezas y sométselas a un proceso de duda sana. Muchas cosas que aprendiste y tienes por ciertas, carecen de sustento y complican tu vida.
- Si crees que la vida se basa en un guion o instructivo que debes seguir para vivirla, entonces seguramente crees en el destino. Si a ti no te dieron uno, más vale que empieces a construirlo con tus propios planos.
- El cambio es posible y no tiene que ser de 180°, pequeños cambios hacen grandes diferencias y el secreto está en la perseverancia.
- Si lo que haces te aleja del lugar adonde quieres llegar, o al "Tú" que quieres ser, cambia de rumbo. Persistir en un error se llama necedad.
- Cuando alguien te dice "no cambias porque no quieres" no sabe de lo que habla. Muchos procesos de cambio requieren algo más que la voluntad de cambiar; hay que tener fortaleza y desarrollar una estrategia. Cuando sientas que no avanzas por más que te lo propones, busca ayuda profesional.

Ejercicio: la auditoría de tu vida

Considera las siguientes preguntas. Toma papel y algo con qué escribir. Léelas inicialmente y respóndelas tan rápido como puedas sin detenerte, en una sola sesión y sin juzgar lo que escribas. No hay respuestas buenas o malas, no es nuestro objetivo. Una vez que respondas todas ya no vuelvas a leerlas y déjalas por ahí. Deja que pase una semana. Luego vuélvelas a tomar y ahora sí, revisa tus respuestas. Analiza si lo que escribiste es realmente lo que piensas y quieres; corrige, modifica o reescribe tus respuestas con los ajustes necesarios, si es el caso. Tómate más tiempo para realmente reflexionar sobre cada una de las preguntas... Incluso puedes responder durante varios días. El objetivo es que realmente respondas ahora reflexionando lo necesario acerca de lo que sientes, piensas y quieres.

- **¿Dónde estoy?**
  - Ejemplos: en la apatía, la pereza, el enojo, una mala relación, sin trabajo, con deudas, sin amigos, sin rumbo, en la tristeza, perdido, en el resentimiento, en un estado de celos, en la envidia, en la confusión, en el descuido, en el abandono, en una adicción, en la codependencia con..., etcétera.

- **¿Cómo llegué aquí?**
  - Qué hiciste, o dejaste de hacer, que te llevo a ese lugar. Por ejemplo: Tomé la mala decisión de... (anota cuál o cuáles), me faltó fortaleza para... (especifica), me dejé convencer de... (especifica), pensé que... (especifica), tenía la esperanza de... (especifica), no pude defenderme de... (qué o quién), por miedo a... (especifica), etcétera.

- **¿Hace cuánto tiempo estoy aquí?**
  - Sé tan específico como puedas. Por ejemplo, en vez de escribir "desde hace mucho tiempo" anota lo más aproximado, pero algo concreto. Ejemplo: "3 años 2 meses", "desde mis 6 años" o "desde que acabé la escuela".

- **¿Cómo me siento estando aquí?**
  - Ejemplos: asustado, frustrada, enojado, triste, sola, sin esperanza, confundida, desconfiado, abandonada, asqueado, harto, aburrida, etcétera.

- **¿Qué me mantiene en este estado?**
  - En esta parte te voy a pedir que tengas especial cuidado y paciencia. Es una pieza medular de tu proceso de cambio porque lo que te trajo aquí puede ser algo del pasado, pero lo que te mantiene está en el presente y debe ser algo muy poderoso que te impide moverte. Generalmente, aquí aparece un gran miedo o una gran necesidad que no es tan obvia, pero piensa que, a pesar de ya no ser cómodo, siempre hay una razón por la que no nos movemos. Si lo que se te ocurre poner ahora es "miedo", por favor sé más específico y define miedo a qué. Por ejemplo: temor al qué dirán, miedo a defraudar, miedo a decepcionar, temor por mi integridad, miedo al futuro, miedo a fracasar, necesidad de aceptación, necesidad de reconocimiento, no me gusta perder, no quiero reconocer que me equivoqué, no quiero sentir que fracasé o fallé, etcétera.

- **¿Qué perdería o qué efecto negativo tendría si me muevo de este lugar?**
  - Tu respuesta más obvia puede ser "nada, ya me quiero mover de aquí", pero todo proceso de cambio mueve cosas

que no siempre podemos anticipar. Por eso te pido vencer el impulso de querer salir, que pienses pausadamente qué podrías perder o cómo impactaría negativamente el que hagas cambios sobre esto en concreto. Ejemplos: Ya no tendría pareja, me quedaría sin el poco ingreso que ahora tengo, mi familia se alejaría de mí, me van a criticar, seré un mal hijo, seré un mal padre, etcétera. Pensando en un posible efecto colateral indeseable de moverte, suponiendo que existiera, piensa también qué podrías hacer o decirte para mitigarlo o asumirlo como una parte necesaria de tu proceso.

- **¿Para qué me quiero mover?**
  - La pregunta no es "por qué", sino para qué quieres moverte de donde estás. Por ejemplo, para vivir una vida más libre, tener paz, empezar de nuevo, ya no seguir perdiendo el tiempo en algo que me aleja de mí mismo, recobrar mi dignidad, encontrar una mejor oportunidad, crecer como persona, etcétera. ¿A qué te llama tu corazón? La idea es responder qué te va a dar moverte. Si moverte no te lleva a nada es como si fuera un camino sin corazón.

- **¿Qué es lo primero, lo más simple que tendría que hacer (o dejar de hacer) para empezar a moverme de este lugar?**
  - Cuidado. No me refiero aquí a "la solución" de tu situación. Como ya lo hablamos en el capítulo, no hay soluciones mágicas ni únicas. Todo es un proceso que empieza con pequeños movimientos. Piensa en un primer paso que dependa de ti, que puedes lograr, aunque no represente una diferencia radical en tu proceso. Aquí lo que interesa es que empieces a pensar en lo que esté más a tu alcance para salir del estado de persistencia. Recuerda que se trata de desacelerar un

poco, desplazarte un milímetro o un grado en otra dirección. Tiene que ser algo muy simple, muy sencillo y al parecer insignificante. Por ejemplo, dar los buenos días, fumar un cigarro menos al día, dejar de azotar la puerta, de morderte las uñas, espiar las redes sociales del alguien, hablar mal de alguien, dejar que cada uno tome sus decisiones, limpiar tu bandeja de correo, sacar lo que ya no usas, dormirte media hora más temprano, no saltarte el desayuno, hacer 5 minutos de estiramientos al levantarte, anotar los cumpleaños de tus amigos en tu agenda, pedir perdón por algo a alguien, hacer una llamada pendiente, empezar a dar las gracias, etcétera.

- **¿Cuál es mi primera meta o mi primera parada?**
  - Es bueno que tengas claro tu destino final. ¿Recuerdas al Yo ideal? Pero también es bueno que te fijes algunas metas intermedias como indicadores de que vas por buen camino. ¿Qué es lo que tendrías que ver o dejar de ver como señal de que las cosas van en una buena dirección? Puede ser algo que tengas que ver o sentir. Coloca dos o tres marcadores intermedios antes de tu meta final. Por ejemplo, a mí me gusta ponerme recordatorios el último día de marzo, junio, septiembre y diciembre. Así voy revisando cada tres meses cómo va el avance de mis metas y qué tan cerca estoy de mi Yo ideal. Algo que también ayuda es pensar quién crees que es la primera persona que notará que empiezas a cambiar. ¿Quién es y qué crees que te dirá cuando se dé cuenta de lo que estás haciendo?

- **¿Qué no debo esperar que cambie para empezar a moverme yo?**
  - Aquí piensa en las cosas que seguramente no van a cambiar y a pesar de ellas tú encontrarás la manera de moverte. Tal

vez alguna de estas cosas cambien luego de hacerlo tú, pero eso no es lo que te mueve, sino tu propio deseo de moverte del lugar donde estás. Por ejemplo, quizá lo que no cambie sean las políticas del lugar donde trabajas, la opinión de los otros, el temperamento de una persona, las creencias de alguien, tu situación económica actual, las quejas o críticas de alguien, el clima, el lugar donde vives, tu pasado, una adicción, un asunto legal, tu salud, que tengas tiempo, etcétera. Anota las cosas que no depende de ti cambiar, para aprender a relacionarte de modo distinto donde te mueves.

- **¿Qué será diferente en mi vida una vez que llegue adonde quiero llegar?**
  - ¿Recuerdas la pregunta "Para qué me quiero mover?" Bueno, pues ésta va muy relacionada. Imagina que ya eres como tu Yo ideal. Anota del modo más específico posible cuántas cosas serán distintas en tu vida gracias a este cambio. Obviamente tú vas a cambiar algunas cosas, pero qué hay de los cambios derivados de tu propio cambio. Los seres humanos vivimos en sociedades y familias que son como sistemas que se interrelacionan. La teoría de sistemas dice que *un cambio en una de las partes del sistema, afectará a las demás.*

El propósito de hacerte preguntas y encontrar respuestas no es para hallar aún una solución. Lo que busco es que ejercites tu capacidad para hacerte preguntas que normalmente no te haces y darte cuenta de tus respuestas. Puedes descubrir algo de lo que no eras consciente, quizá esto te ayude a despejar el camino. Ya lo descubrirás.

2

¿QUÉ LE PASA A TU AUTOESTIMA?

Si quieres tener una buena autoestima
ayuda el que sepas elegir bien a tus padres.
GLENN SCHIRALDI

En este capítulo quiero hablar de tu relación contigo; de cómo te tratas y cómo aprendiste a mirarte. En suma, vamos a conversar acerca de la autoestima, sus orígenes y efecto en nuestras vidas. Considero que no hay elemento más crucial para nuestra felicidad que tener una autoestima sana, pues de ella depende lo que podemos hacer, lo que creemos merecer y nuestra manera de ubicarnos en el mundo ante nosotros y ante los demás.

La cuestión con la autoestima no es tanto que haya algo que entender (sí hay mucho), sino más bien se trata de algo que sentir; de cómo nos sentimos con nosotros acerca de cómo creemos que estamos siendo. Ya en el capítulo anterior hablé del Yo real, el Yo ideal y el Yo que tú crees que debes ser. Ahora veamos con más detalle la relación que hay entre ellos cuando tienes una autoestima normal y una baja.

	Con autoestima normal	Con autoestima baja
Yo real	Es el que ahora mismo está leyendo esto. Estás razonablemente satisfecho con él. Claro que hay cosas que te gustaría mejorar, pero justo por eso le procuras bienestar y los medios para lograrlo. Es un Yo que se siente bien en su relación con los demás; busca ajustarse a un entorno social, sin perder identidad, está y se siente integrado al resto.	No estás nada contento con él. Incluso a veces, quizá, sientas odiarle. Lo maltratas y le dices toda clase de cosas horrendas. No lo ves como parte de un grupo social o familiar. Te avergüenzas de él y prefieres alejarlo del mundo, lo que le impide integrarse o sentirse integrado y bienvenido.
Yo ideal	Un Tú que te atrae porque en él están todas las cualidades que sueñas y quieres tener. Te motiva pensar en él porque a pesar de que vive en el futuro, sientes que si te empeñas y persistes irás avanzando en su dirección y en algún momento llegarás a él.	Un Tú que sientes muy lejano y por lo tanto se ve muy pequeño; imposible de alcanzar y quizá hasta inmerecido. Sientes que otros sí pueden lograrlo, pero tú no porque no te sientes como los demás, sino peor que ellos. En lugar de inspirarte, pensar en él te provoca frustración y tristeza.
Yo que se supone debería ser	Con una autoestima normal, este Yo está para recordarnos algunos aspectos del camino que a veces conviene retomar, especialmente para cuestiones de integración social. Lo miras, lo escuchas, tomas la guía que de él te es útil, pero no lo obedeces a ciegas. Es verdad que a veces quiere exigirte más de lo que te gustaría dar, pero frente a él, tú tomas la decisión de cómo, cuándo y hasta dónde ajustas. Puede ser un consejero, pero jamás dejarás que se convierta en rey y mucho menos en tirano.	Es como un Yo gigante que te observa con mirada dura y que conoce tus secretos y errores más terribles. Un Yo que te sientes obligado a alcanzar como prueba de que vales y mereces. Tiene estándares imposibles de lograr y sobre todo de sostener; aun así, siempre te comparas con él y por supuesto siempre sales y saldrás perdiendo. Es un Yo que has permitido que se vuelva loco de poder (ante tu debilidad); no hay forma de darle gusto y siempre pide más sacrificios.

Aunque obviamente hay diferencias, la realidad es que estamos usando a los mismos personajes pero con descripciones diferentes.

Desde las profundidades de la baja autoestima estos tres "Yo" se ven así. Más adelante entenderemos por qué.

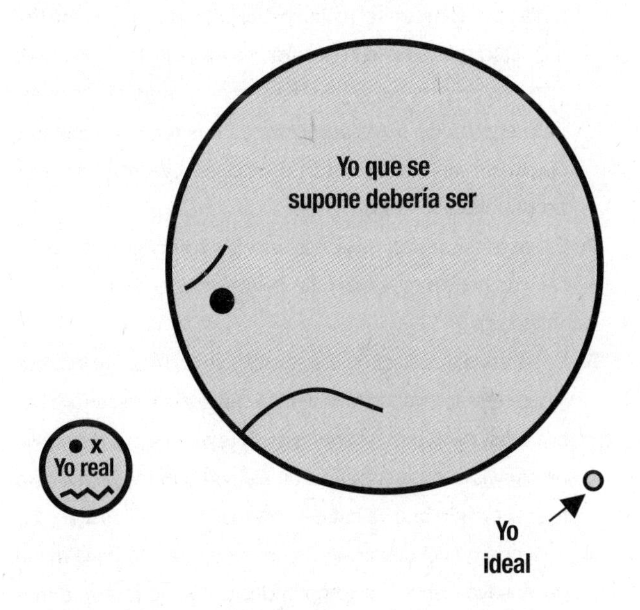

¿Pero, qué es eso de la autoestima?

Podemos definir a la autoestima como la evaluación y actitud que se tiene hacia uno mismo. Ambos conceptos, evaluación y actitud, están muy entrelazados porque la forma en que te tratas es resultado de la evaluación que haces de ti. Por eso, en el capítulo anterior dije que cuando te tratas mal no es que no te quieras, es que no te ves como eres, sino como tu evaluación determina que eres. Digamos que te miras como poca cosa y despreciable, tal como el "Yo que debería ser" mira al "Yo real" en el dibujo de arriba.

¿Pero, cuál es la evaluación que hacemos de nosotros que, si "salimos reprobados", nos hace sentir mal y mantiene nuestra autoestima baja? Básicamente evaluamos tres elementos:

- Autonomía
  - La capacidad de tomar nuestras decisiones, no condicionadas por el miedo, el rechazo o el juicio de los demás. Por supuesto que la opinión de otros es tomada en cuenta y se aprende de quienes saben más o tienen más experiencia, pero a partir de estos aprendizajes nos forjamos metas y objetivos propios y tomamos decisiones y asumimos la responsabilidad de ellas.
  - Existe la capacidad de poner límites y fronteras personales. De esto hablaremos con más detalle en otro capítulo.
- Competencia
  - La persona es capaz de desempeñarse en lo que le interesa y para ello aprovecha los talentos que tiene y desarrolla habilidades para lo que haga falta. El aprendizaje y desarrollo de nuevas competencias es un elemento fundamental para tejer el puente que va entre el "Yo real" y el "Yo ideal".
  - Entiende que el desarrollo de competencias va de la mano del ensayo—error y esto no lo desmotiva, lo mueve a mejorar. No hace lo que hace por darle gusto a los demás, lo hace por el gusto de sentir que progresa.
- Relaciones
  - Se busca la integración con el resto de la sociedad, lo que involucra familia, amigos y compañeros; es decir, el entorno en el que nos desenvolvemos. Además, como esta integración se hace con autonomía, no sólo se está integrando, sino que uno mismo se siente integrado. Es verdad que por algunas diferencias raciales, sociales o religiosas otros pueden pretender excluirnos de sus cerrados círculos, pero no lo harán del contexto social en general.
  - La integración se busca a través de ajustarnos a las costumbres sociales; sin perder identidad, pero sin oponerse radicalmente

a la que colectivamente se plantea. Nunca se trata de ser "borregos" o "del montón", no. Se trata de hacer ajustes para integrarnos. La tarea es social, pero también personal.

Por cierto, la autoestima no cambia de un día para otro. Es decir, es relativamente estable a lo largo del tiempo y se mueve muy lentamente, hacia arriba o hacia abajo. Por ejemplo, es normal que si hemos tenido un día en donde nada salió como lo planeamos nos sintamos frustrados, enojados o tristes. Eso no significa que tengas la autoestima baja o que con esto baje, sino que pasas por una reacción usual ante un mal día. Normalmente en un rato, a la mañana siguiente o a lo sumo en un par de días, el sentir regresa a su punto base, especialmente si corriges el error o te es posible reparar lo ocurrido.

Entonces no, ni un día ni un conjunto de días malos o buenos mueven tu autoestima en ninguna dirección de manera significativa o permanente. Aunque hay un periodo de excepción para esto; la etapa de la adolescencia. Es el segundo momento de nuestra vida donde la autoestima se enfrenta a fuerzas que la pueden hacer tambalear y caer de manera repentina. La adolescencia es muy vulnerable para la autoestima porque es una etapa de muchos cambios y ajustes biológicos y sociales que cuesta asimilar sin consecuencias. Por supuesto que crecer con sólidas bases en la niñez, de alguna manera nos fortalece y prepara para estas tormentas emocionales y hormonales adolescentes.

Más allá de la adolescencia, mover a la autoestima es parte de un proceso que empieza con un pequeño cambio, pero no de manera directa. A la autoestima no va uno y la saca del pelo del lugar donde está oculta. Se le llama, se le invita a asomarse un poquito. Primero dejamos que sólo nos mire, pues está desconfiada y es natural. La han maltratado mucho. Ya seguiré con esta idea más adelante.

¿Dónde empezó todo?

Como muchas de las cosas que nos forman como personas, muy probablemente en una época de nuestra vida donde éramos muy vulnerables ante figuras de las que uno no se supone que tenga que defenderse. Sí, fue en aquel pasado infantil y de la niñez. Regularmente nuestra autoestima queda consolidada alrededor de los 7 a 12 años de edad, pero empieza a forjarse mucho antes.

Al inicio de nuestra vida aprendemos todo de nuestros padres (o quien sea que haga su papel), pero ellos no nos enseñan exactamente cómo es el mundo, más bien nos enseñan cómo ven ellos el mundo (creencias, valores, conductas, jerarquías, etcétera). También nos tratan como ellos aprendieron que un hijo debe ser tratado. Por ejemplo, si una persona cree que un hijo o una hija es un ser "rebelde", que es "necio y maleducado", debe ser "domesticado" por su propio bien y la tarea de todo padre es hacer hijos "buenos" (léase obedientes), buscará alcanzar esta meta a costa de lo que sea. Entonces ese padre dejará de comportarse como tal, lo hará más como un capataz, y dejará de tratar al hijo como hijo (incluso como niño) y lo hará como si fuera un pequeño salvaje, bárbaro o delincuente sin corrección que debe ser sometido. Y para esto no se necesitan palabras; ya desde antes de dominar el lenguaje recibimos estos desafortunados mensajes a través de la mirada de nuestros padres, que puede ser amorosa o de desprecio. En ambos casos sentimos que esa mirada y actitudes corresponden a lo que merecemos.

Pero si no fuera suficientemente dañino el que nos hayan visto y tratado como no éramos, el verdadero problema viene porque nosotros aprendimos muy bien la lección y desarrollamos una visión y opinión muy distorsionada de nosotros. Y esto tiene sentido ya que desde la infancia los padres sirven como un espejo del Yo donde aprendimos a mirar ese supuesto reflejo de cómo éramos. No es un secreto para nadie que ese reflejo no es de lo más objetivo, pero mientras más fantasioso hacia lo positivo o lo negativo sea, más nos aleja de la realidad de quién somos y hasta de quién podemos llegar a ser. Por ejemplo, si un padre mira a su hijo como un ser perfecto, infalible y superdotado, así lo va a tratar y probablemente así el pequeño aprenda a mirarse. Esto podría resultar hasta cierto punto beneficioso si no se cae en la exageración de esperar del niño algo que ninguno puede dar (lo que conduciría a la decepción y sus consecuencias) o que, por cuidar a tal tesorito se le dispense de toda clase de deberes tratándole como a un reyecito al que no se le debe contrariar (lo que caería en la dañina sobreprotección y sus vicios).

Con las cosas que nos dicen, el trato que nos dan y las conclusiones que de ello saquemos se conforma esa primera identidad o nuestro "Yo real". Conclusiones del tipo "si me tratan mal, es que debo ser malo"; "si no me escuchan, es que no debo ser importante"; "si siento que no me quieren, es que entonces no merezco ser querido". Cuando llegamos a la edad adulta este patrón está bien arraigado y se traduce en sentimientos como "Si me siento poca cosa es que debo serlo". ¿Tiene lógica hasta cierto punto, no? Pues no necesariamente es así porque cómo te sientes no necesariamente es un reflejo de cómo eres.

¿Cómo se forma la autoestima?

Ya vimos que esas creencias de nuestros padres, generalmente sin proponérselo, crean esa imagen distorsionada de quién creemos que somos y no somos. Y tampoco es que por esto haya que satanizarlos o canonizarlos; la realidad es que seguramente ellos también padecieron su propia infancia y a su vez son producto de la crianza de sus padres. Esto no justifica su modo de actuar, pero sin duda lo explica. Además, ser padre tampoco es tarea sencilla, a veces hacemos de menos, a veces de más y otras veces "ya ni la hacemos". Sin embargo, el efecto del trato de estos padres en nuestra vida tampoco tendría por qué ser una condena, especialmente si empezamos a cuestionar todas esas creencias acerca de nosotros que nos inculcaron.

Más allá de las creencias parentales, durante nuestro desarrollo la autoestima se forja desde dos fuentes principales:

- Un sentimiento de competencia y eficacia en áreas importantes de nuestra vida.
  - Los niños tienden a explorar y buscar retos para medir su capacidad de afrontarlos. Cuando todo se nos facilita, o todo se nos critica, nos impiden desarrollar esta habilidad y corregir el rumbo cuando nos equivocamos. Exigirle a un niño ser siempre el número uno, restar importancia a las derrotas o hacerlas más grandes es algo que no permite establecer estrategias sobre qué hacer cuando nos va bien y cuando no. Este proceso va de la mano del ensayo—error.
- La percepción de ser aceptados y valorados por personas significativas.
  - Aquí entran no sólo las influencias de los padres sino de otros miembros de la familia como hermanos, abuelos, tíos y, por supuesto, los amigos cuando empieza nuestro proceso de socialización más allá del ámbito familiar. Si nuestros padres hicieron un buen trabajo con su función de espejos, la relación con nuestros pares empezará sólida y definida. No quiero dejar pasar la oportunidad de mencionar, al menos brevemente, el papel de los hermanos y la autoestima. Si bien es cierto que todo empezó con la

infancia y niñez, no siempre son única e invariablemente los padres quienes influyen para bien o para mal en nuestra autoestima. Los hermanos, cuando los hay, juegan un papel fundamental. Aún no hay estudios concluyentes o una postura unificada, pero hasta ahora lo que se revela de la influencia de los hermanos sobre la autoestima personal es mucho mayor de lo que se pensó.

Entonces, lo que buscamos es ser, hacer, pertenecer y sentirnos valorados, lo que podría resumirse en un simple pero poderoso concepto: ser felices.

¿Por qué no es tan sencillo trabajar con la autoestima?

Una buena autoestima no es pensar que eres el gato que puede convertirse en león. Es asumir que si eres un gato puedes ser tan bueno como cualquier otro gato.

Las propuestas existentes

Otra cosa que complica trabajar con la autoestima es que las propuestas más populares para trabajar con ella son bastante endebles. Se basan en la motivación sin sustento o en la repetición de frases huecas que a lo sumo modifican un poco el estado de ánimo del momento, pero no sacan realmente a flote la autoestima.

Por ejemplo, puedes asistir a una conferencia de motivación personal o laboral donde te vendan la idea de que "fallar no es opción", "tienes que triunfar en la vida, sí o sí" y que "el universo te ha traído a este mundo a realizar tus sueños porque TÚ eres un ser de luz y con poder". Es muy interesante que alguien pretenda hacerte creer lo que tú por mucho tiempo dudaste. Es como si hasta ese momento no se te hubiera ocurrido o no hubieras querido estar bien y esa conferencia te revelara los secretos del universo a través de una epifanía. Nada, ni siquiera este libro lo hará porque eso no es posible y además no es mi intención venderte algo que no te sea de ayuda.

Pero siguiendo con el ejemplo de esa conferencia imaginaria de autoestima, es posible que de hecho salgas motivado y sientas que ya te has "transformado", con muchas ganas de comerte el mundo apenas estés en la calle. Lamentablemente, basta que llegues a la casa, amanezca o sea lunes para que tu sentir real vuelva a hacerse presente y te sientas aún peor. Podrías pensar "estoy más mal de lo que creía porque salí de la conferencia muy bien y ahora ya me volví a sentir muy mal; no tengo remedio". Y no digo que una conferencia o un libro no sean de ayuda, pero deben tener el enfoque adecuado si lo que se busca es un resultado más profundo y duradero. Las mejores propuestas no te dan soluciones mágicas; te sumergen en una reflexión útil y en una toma de conciencia distinta a la que sueles tener. No te ofrecen certezas nuevas o creencias que te hacen dudar de las que has tenido acerca de quien creías ser.

También la creencia social de lo que es la autoestima influye mucho en desviarnos de un camino eficiente para sanarla. Basta buscar en internet imágenes de "Autoestima" para darnos cuenta de sus representaciones tan comunes como desafortunadas. Gatos que se ven al espejo como leones; flaquitos o gordos que se ven como musculosos o atléticos; tristes que se ven alegres, hasta una flor marchita se ve como fresca frente a un espejo. ¿Cuál es el mensaje que transmiten? Que para tener una buena autoestima debes dejar de ser tú y convertirte en otra cosa. La realidad es que no eres ninguna de esas cosas, pero eres tú y está bien que lo seas porque eres como todos nosotros; perteneces a este mundo y a esta sociedad aunque aún no puedas sentirlo o verlo. Ese por ahora es tu verdadero espejismo.

La confirmación de las creencias

Permitir que la autoestima retome su nivel normal puede no resultar tan sencillo porque ahora ya no sólo son las creencias que de nosotros desarrollamos lo que lo impide, sino la confirmación de esas creencias a través de distintas experiencias pasadas y actuales. Por ejemplo, si un niño se sintió rechazado desde la infancia, es probable que en la escuela no pueda hacer muchos amigos. Si esto es así, sus habilidades para relacionarse no se desarrollaron adecuadamente y en la edad adulta es probable que sea una persona tímida, retraída o sienta que no se puede integrar por no ser agradable o no tener un tema de conversación interesante. Un posible razonamiento consciente o inconsciente de esto resultaría en algo como "mis padres tenían razón cuando decían que nadie me iba a querer por ser como era; ahora lo veo muy claro, no tengo amigos y no siento que pertenezca realmente a ninguna parte... Además, me siento un fracaso, así que debo serlo". Esta persona no ve que su situación se debe a una serie de conductas que ha tenido desde la infancia, derivadas de sentir que no es digno de ser amado o tomado en cuenta por otros. No se ha dado cuenta de que hay cosas que podría cambiar para modificar su estado actual y llegar a un estado más deseable. Su pensamiento es "Yo soy malo (el rechazo al Yo real del que ya hablamos) y no puedo ser diferente"; la resignación y renuncia a la posibilidad del Yo ideal.

Además, cuando tienes baja autoestima no confías en ti, así que cuando vas a hacer algo que te parece fuera de los límites de tu reducida zona de bienestar (y hasta decidir qué pedir en un restaurante puede ser un reto), la ansiedad hace su aparición. Con ella encima, no puedes pensar bien y tus actos son a veces atropellados. Tu mente se bloquea, puedes decir cosas inadecuadas, cometer imprudencias o torpezas y mostrarte inseguro o inquieto. Evades miradas, no hilas una conversación y francamente pareces una persona rara. ¡Y cómo no lo vas a parecer si ése no eres tú! Pero, por el momento, no te has dado cuenta de eso, así que una vez más la única conclusión "lógica" a la que puedes llegar es que en verdad eres un *nerd* (si bien te va) o un subnormal (por decirlo bonito).

Así como hay muchas personas que siendo culpables de algo no sienten que lo sean, hay muchas otras que sienten una gran culpa sin tenerla. Como ya dije anteriormente, sentir que eres de una manera no significa que lo seas. Por ejemplo, sentir que eres un fraude o un fracaso no significa que lo seas. Estoy seguro de que conoces a alguien que siendo un fraude va por la vida creyendo otra cosa. El sentir y el ser no siempre se corresponden.

La resistencia a lo positivo

Por si esto fuera poco, las personas con baja autoestima son muy resistentes al refuerzo positivo y muy vulnerables al negativo. Dicho en otras palabras, les cuesta mucho creer (aun con evidencia) las cosas favorables que otros dicen de ellos y rápidamente hacen suyos cualquier crítica o comentario acerca de un supuesto defecto. De hecho cuando alguien les hace un cumplido suelen pensar que, si es alguien conocido, lo dice justamente porque es un amigo o familiar y ni modo que diga "la verdad". "Seguro hasta el cumplido es por lástima", pueden pensar. Si la persona que les remarque algo positivo de su persona es un desconocido o alguien no muy cercano pensará: "Claro, ni me conoce bien; si supiera cómo soy realmente no diría eso de mi." Esto es algo muy tormentoso, porque bajo este supuesto se vive constantemente con el temor a que alguien "descubra" nuestra "verdadera personalidad". Existe la continua sensación de ser un fraude. En una variante más retorcida algunas personas con muy baja autoestima piensan que quienes les señalan lo positivo de su ser, son sarcásticos.

Pero si no son los demás, es uno mismo. Una persona de baja autoestima no tiene tan buena suerte para que todo le salga mal y así confirmar plenamente lo mala persona o incompetente que es. Entonces cuando le va bien, siempre puede regalarle sus méritos a la casualidad, a los bajos estándares de otros que se conforman con "cualquier cosa" o a factores externos que se confabularon para que las cosas resultaran favorables. Si es de las personas que creen en la suerte o el destino, como ya dije en el capítulo anterior, pensarán que lo bueno viene de una racha de buena suerte, pero que se acabará y entonces vendrán las catástrofes del destino. Por supuesto, sabemos que incluso a los de baja autoestima les va bien más seguido de lo que creen, pero parece que tienen una especie de memoria selectiva donde lo favorable no lo registran en la cuenta de los logros, pero los errores (que todos cometemos) los ven más grandes, monstruosos y crecientes, así que esos sí van directo a las repisas del macabro museo de los horrendos defectos personales.

Por eso mencioné aquello de que las propuestas populares para subir la autoestima no funcionan. Es esta resistencia interna lo que hace fracasar toda motivación externa en su intento transformador.

La dureza al tratarnos

A la autoestima, como a las plantas, no puedes sembrarlas y ordenarles que crezcan. Ambas necesitan de cuidados, paciencia y perseverancia.

Entonces la fórmula sería cambiar la creencia de que no somos buenos, suficientes o competentes. Si la creencia cambiara, cambiaría la actitud y el actuar; si esto cambia, empezaría a cambiar el resultado que obtenemos y si eso sucede, cada vez estaríamos más cerca de convencernos que no éramos como nos habían hecho creer, sino que estamos siendo distintos, incluso podemos mejorar. ¿Pero cómo cambiar la creencia si, como ya vimos, la experiencia se encarga de confirmarla día tras día; no tenemos amigos, "nada" nos sale "bien" o nos sentimos mal con nosotros? Al final del capítulo encontrarás un ejercicio que te puede resultar útil para esto. Ahora quiero retomar la idea que dejé intencionalmente pendiente al principio del capítulo cuando dije que "A la autoestima no va uno y la saca del pelo del lugar donde está oculta", porque el acercamiento al trabajo con la autoestima debe ser muy delicado e indirecto para "no asustarla".

Un ejercicio interesante

Imagina tu autoestima como un personaje. ¿Cómo imaginas que se ve? Si puedes haz un dibujo ahora mismo de cómo la ves. No te preocupes, nadie lo va a calificar (las personas de baja autoestima creen que siempre hay una manera correcta de hacer las cosas y ellos siempre la hacen mal porque se comparan con profesionales de excelencia en cualquier campo). Si no quieres dibujar, descríbelo con palabras. Escribe un pequeño párrafo acerca de tu autoestima como un personaje. Puedes usar referencias que conozcas (un gigante, un enano, un jorobado, un monstruo, etcétera) pero debes ser muy específico (con dientes, que huela mal, tenga la ropa rota, etcétera). Una vez que termines la descripción o el dibujo, míralo una vez más cuidadosamente, imagínate que ese personaje cobra vida y está frente a ti. ¿Qué emociones y sentimientos te despierta? Anótalos.

Levántate o muévete de lugar un poco. Estírate como si acabaras de levantarte y respira profundo. Regresa a tu posición original y ahora piensa en una persona o personaje que admires. No en un súper héroe, por supuesto, sino en una persona o personaje real que conozcas o no personalmente pero que admires por sus cualidades. No importa si ya no vive. Piensa en sus cualidades y atributos que más admires. Imagina cómo se ve; cómo es su cuerpo y su expresión facial. Imagina que ese personaje cobra vida y está frente a ti. ¿Cómo se ve? ¿Qué te proyecta? ¿Qué emociones y sentimientos te despierta? Anótalo al lado de lo que anotaste acerca de tu autoestima como personaje. Compara el contenido de ambas descripciones. ¿Se parecen y es semejante lo que provocan en ti? Imagino que tu respuesta es al menos un "no tanto" (porque si respondiste genuinamente que son como dos gotas de agua me pregunto qué haces leyendo este libro).

Ahora piensa: ¿Qué te dan ganas de hacer con tu autoestima cuando haces esta comparación y sale tan desfavorecida? Si respondiste que te provocó vergüenza, lástima, enojo, desprecio o un sentimiento similar, hay mucho trabajo por hacer, recuerda que la autoestima es el reflejo de cómo aprendiste a mirarte; es decir, **eres tú y cómo te ves**. Pero si respondiste que te dieron ganas de abrazarla, consolarla y ayudarla a mejorar porque despertó en ti sentimientos de solidaridad y ternura, llevas un buen rumbo en este camino.

La dureza, las palabras hostiles que te dices cuando te equivocas, cuando te comparas con otros, cuando sientes que decepcionas o fracasas son pesados lastres que no hacen sino hundir tu autoestima aún más en las cavernas del desprecio. Maltratarte es maltratar tu autoestima y uno no trata a patadas a quien ha sido constantemente herido… ¿o sí? Si eres muy duro con tu autoestima no querrá salir, no tendrá ganas de verse bonita porque no cree que pueda serlo. Tiene miedo, está asustada y muy dolida. No puede ver la luz porque ha estado tanto tiempo en la oscuridad que hasta la posibilidad de lo bello le lastima; lo siente muy lejano y ajeno. Desconfía hasta de ti, teme que si se acerca reciba un grito, un regaño o hasta un golpe. Quizá otro abuso.

Una paciente me contó que desde niña fue víctima de toda clase de abusos. Las exigencias parentales sólo se comparaban con la indiferencia que su padre mostraba hacia ella, de la mano de la sobreprotección asfixiante de una madre que la ahogaba. Acostumbrada a los malos tratos, a que el amor dolía, empezó a cortarse, a desarrollar un trastorno alimentario y a enredarse en relaciones tóxicas desde la adolescencia temprana. De esas relaciones vinieron más abusos y con ellos, su autoestima estaba cada vez más frágil, lastimada y asustada. Los mecanismos de defensa sanos llevan a una persona a intentar defenderse o salir de una situación así, pero ella y su autoestima estaban ya tan mal que ni siquiera tenían fuerza para esto. Lo único que solían hacer cuando llegaba el abuso o el maltrato era permanecer, física y emocionalmente, en dolorosa pasividad luego de utilizar un macabro mantra que se repetía en cada ocasión "Ya valí". La cosa no paraba ahí, porque luego de permitir una vez más el maltrato arremetía contra su autoestima culpándola de no haber puesto límites, de no haber tenido la dignidad de defenderse. Se decía toda clase de insultos, ofensas y humillaciones. Se imponía castigos muy duros con la alimentación y volvía a maltratar su cuerpo. Una clara revictimización.

La dureza en el trato a nuestra autoestima le niega la energía y confianza necesarias para acercarse a recibir ayuda de nuestra parte. Como si fuera un animalito asustado, debemos dejar que ella se acerque a nosotros, no hacer movimientos bruscos, por más que al acercarse nos demos cuenta que huele mal, está sucia y envuelta en olvido. Debemos cuidar hasta la expresión que hacemos cuando nos vemos al espejo, porque ella aprendió a estar muy atenta a la mínima señal de juicio y rechazo. Empatía y suavidad; alguien en quien confiar y que la acepte como es para ayudarle a convertirse en la que quiere ser.

¿Cómo se sube la autoestima?

Si tuviera una hora para resolver un problema y mi vida dependiera de la solución, dedicaría los primeros 55 minutos para encontrar la pregunta apropiada. Una vez que supiera la pregunta correcta, podría resolver el problema en cinco minutos.

ALBERT EINSTEIN

¿Qué es la autoestima normal?

Al nacer, propiamente no hay un concepto de autoestima; bueno, ni siquiera hay un concepto que haga la distinción entre lo que es el "Yo" y lo que son "Los otros". Todo eso se aprende conforme nos desarrollamos y según lo que nos inculcan. Al crecer, lo natural es que nos percibamos como lo que somos. ¿Qué somos? Una persona como muchas otras y a la vez una persona única, que puede aprender y desarrollar habilidades, tomar sus propias decisiones y capaz de tener conductas y actitudes que lo hagan sentir bienvenido e integrado dentro de su contexto social. Es lo que *naturalmente* deberíamos aprender que somos. ¿No es así? Y digo naturalmente porque la inevitable intervención de los adultos en nuestra crianza desvía el curso natural de las cosas. Dado lo anterior, podemos concluir que nuestra autoestima por naturaleza no es baja. Que naturalmente es normal o buena hasta que alguien nos convence de lo contrario.

Una autoestima normal involucra la idea de que, como personas, no somos ni mejores ni peores que otros, a pesar de las diferencias. Una autoestima normal nos hace sentir a gusto con quien somos, nos mueve a querer mejorar y nos hace sentir que formamos parte de una familia o una sociedad como todos sus otros miembros. Hay quien a la autoestima normal le llama buena autoestima o autoestima alta. Yo prefiero llamarla en este libro normal porque eso ya implica que es buena y alta, como debe ser. Y quiero aquí también detenerme por un momento en aclarar que una persona con autoestima "alta" no es quien habla más fuerte, manotea, exige lo que quiere, cree que tiene derecho a todo, es intolerante y grosero. Ya hablaré más adelante de algunas formas de autoestima que parecen buenas pero son todo lo contrario.

Bueno, pero entonces, ¿cómo subo mi autoestima?

Cuando tenemos baja autoestima preguntarnos cómo subirla es bastante común y hasta lógico. Entonces emprendemos la búsqueda de lo que pueda sacarla del hoyo donde se encuentra.

¿Pero, qué tal si no es la pregunta correcta? ¿Qué tal si estamos buscando una grúa para sacarla en vez de cortar el lastre que la retiene? Entonces, tal vez, la pregunta correcta sea: ¿Qué estoy haciendo que no dejo subir a mi autoestima? o: ¿Qué debo no hacer, pensar o decirme para que mi autoestima alcance un nivel normal y no permanezca baja?

Recordemos que al nacer no hay un concepto de quiénes somos y eso lo empezamos a aprender de los reflejos que nuestros padres nos devuelven en su función de espejos del Yo. Estos reflejos no siempre son de lo más objetivo y muchas veces están distorsionados, así que nuestro concepto del Yo real y su reflejo, nuestra autoestima, modifican su posición natural, que es la de percibirnos más como somos, es decir, como cualquier otra persona. Ser como cualquier otra persona es natural, ¿no es así? El problema es que la manera en que nos enseñaron y aprendimos a vernos nos sacó de nuestra posición natural y nos bajó hasta la postura de creer y sentir que somos diferentes a la mayoría y no para bien. Los mensajes de la infancia y adolescencia que nos hicieron creer que somos seres defectuosos, torpes o poca cosa sin realmente serlo fue lo que bajó nuestra autoestima, pero eso no es lo que la mantiene baja porque, probablemente, esos mensajes son sólo ecos del pasado. Entonces la pregunta no es: ¿Cómo subo mi autoestima?, sino: ¿Qué le impide subir? ¿Qué peso, carga o lastre debo remover para que mi autoestima vuelva a su naturaleza normal y deje de ser baja?

Así que deja de buscar la fórmula que suba a tu autoestima y mejor reflexiona qué haces, qué te dices o qué piensas que la mantiene constantemente abajo.

¿Qué impide que mi autoestima suba?

Un niño se vuelve adulto cuando se da cuenta de que tiene derecho no sólo a estar en lo cierto, sino también a equivocarse.
THOMAS SZASZ

Imagina que tienes una bola de esponja o unicel. Si la arrojas al agua no se hunde porque lo normal es que estos materiales queden en la superficie. ¿Cierto? Bien, ahora piensa qué tendrías que hacer si quisieras que una de esas bolas se fuera al fondo y se quedara allí. Seguro se te ocurren tantas formas como a mí, pero quizá una de ellas sería meter la mano al agua e impedir así que la bola suba. Si sueltas la bola o quitas la mano, y no hay ningún otro elemento en juego, la bola subirá a la superficie, ¿no es verdad? Exactamente lo mismo pasa con la autoestima. Ella tiende a estar arriba, pero alguien la mandó abajo y tú te encargas de mantenerla ahí. Ahora vamos a ver lo que nosotros hacemos para que no suba.

Creer que no eres como los demás

Ya he hablado del aspecto fundamental de una autoestima normal, que es sabernos personas normales que no necesitan sentirse más, o la tragedia de sentirse menos que el resto. Somos uno más y eso está bien. Y no soy ciego a las diferencias que entre personas hay en muchos sentidos, pero con una buena autoestima tales diferencias no tienen por qué ser un problema sino sólo lo que son: diferencias.

La diferencia que más daña viene de la sensación de no encajar en el mundo; de que no te "hallas". Te sientes alejado de la vida social, excluido de las historias de los demás. Es como si hubiera algo "malo" en ti, una especie de estigma que te señala y todos pueden ver, eso te hace sentir avergonzado e incompetente. Ya dije que sentirte de una manera es una cosa y ser lo que sientes es otra y no siempre se corresponden. Ahora responde lo siguiente:

- ¿Por qué crees que no eres como el resto?
- ¿Cómo aprendiste a creer eso? ¿Quién te lo hizo notar por primera vez?
- ¿Crees que los demás piensan lo mismo de ti? ¿Cómo lo sabes?
- ¿Quién no piensa eso de ti?
- ¿Por qué es para ti un problema creer que no eres como los demás?
- ¿Estás seguro que eres diferente al resto? ¿Estás absolutamente seguro?
- ¿Te sientes tan seguro de esta creencia que te atreverías a dudar de ella sin temor a perderla?
- Supón por un momento que en realidad no eres diferente al resto. No digo que lo creas todavía; lo peor que podría hacer ahora mismo es tratar de forzarte a ver la realidad que no has podido ver, así que por ahora sólo te pido que lo supongas. ¿Ya? ¿Cómo te hace sentir esto?
- ¿Crees que podrías volver de vez en cuando a recordar este ejercicio y sentir temporalmente que no eres tan diferente al resto como has creído? No tienes que hacerlo ni siquiera tres veces al día; quizá podrías hacerlo por un rato mientras te bañas o tal vez sólo por un momento antes de dormir.

Vivir en la periferia

Jamás aceptaría pertenecer a un club que admitiera como miembro a alguien como yo.
GROUCHO MARX

Sentir que no eres como los demás te impide estar a gusto entre la mayoría. Las personas de baja autoestima tienen la tendencia a irse hacia "la periferia de la vida". Con esto quiero decir que se apartan y aíslan de la mayoría, a la que sienten no pertenecer. Y como no suelen adaptarse bien por creer en esta diferencia, no es poco frecuente que el resto los vea como raros; no porque lo sean, sino porque se comportan como si lo fueran.

Entonces, como dije, se apartan. Desde niños los ves sentándose solos, no integrándose a los juegos o quedando al final de la formación de equipos escolares porque "nadie los escoge" (aún no se dan cuenta de lo que hacen para no ser elegidos, pero esa es otra historia). De adultos los ves en nuevos trabajos sentados en su lugar, quizá con audífonos puestos, no haciendo contacto visual, no saludando a todos en la mañana y escabulléndose a la salida para no ser vistos. Ni hablar de ir a reuniones o comidas de la oficina; lo hará sólo porque no le queda de otra, pero no verán la hora de irse.

Y no quiero que se confunda a las personas de baja autoestima con los introvertidos, porque no es así. Hay personas que prefieren entornos con poca gente o menos ruidosos y no por eso tienen baja autoestima. La diferencia está en que el introvertido es capaz de integrarse a cualquier ambiente, pasarla bien por un momento y luego preferir algo más tranquilo. El de baja autoestima ni siquiera hace esto.

Ahora bien, te preguntarás qué tiene de malo andar en la periferia y no socializar mucho si eso no hace daño a nadie, ni siquiera a ti. Piénsalo bien. En la periferia pasan algunas cosas:

- Te acostumbras a la soledad y con ella no desarrollas habilidades sociales básicas, también te quedas solo con tus pensamientos que, si tienes baja autoestima, es muy probable que estén "envirulados" y eso acaba por "enfermarte" más; es decir, cada vez te vas más a una periferia con tintes de autoexilio.
- En la periferia te encuentras personas que están ahí por una buena razón: tampoco sienten que pertenecen al resto. Si eres alguien de baja autoestima te identificarás con alguien así, seguro se harán amigos y hasta creerán que se sienten mejor porque al menos ahora se tienen el uno al otro, ¿no es así? Pero lo que no saben es que están perpetuando su estado. Aunque parezcan la mejor compañía no son sino una aspirina para un cáncer. No se trata de que dejen de ser amigos, por supuesto, sino que alguno de los dos (idealmente ambos al mismo tiempo) busque la manera de empezar a integrarse al resto. No digo que deben estar en todas partes con todo el mundo, pero tampoco siempre juntos sólo ustedes.
- Y no sólo encontrarás personas de baja autoestima en la periferia. Ahí también viven personajes que por otras razones no se adaptan al resto. Personalidades antisociales, asociales, marginados, delincuentes, adictos, depresivos y uno que otro manipulador que va en busca de manipulables y los encuentra en esas tierras periféricas. Y no es que de estos no haya en el centro, pero es más común encontrarlos en los márgenes sociales. Aquí el riesgo es que, con baja autoestima, no es que no te gustaría pertenecer (es una necesidad humana básica), sino que sientes que no puedes hacerlo, entierras esa necesidad que empieza a asomar la cabeza. Es cuando ya buscas pertenecer a quien te acepte "como eres".

No integrarte al mundo social de la mayoría, porque no puedas hacerlo, no ayuda a tu autoestima no sólo porque no ejercitas las habilidades sociales básicas para pertenecer, además te coloca en una postura de vulnerabilidad ante potenciales manipuladores o al menos te lleva cada vez más al fondo del aislamiento.

¿Y si yo quiero vivir en la periferia? Pues vive ahí. Sólo asegúrate de que realmente quieras y no lo hagas porque sólo ahí te sientes aceptado. ¿Sabes cuál es una buena forma de saberlo? Imagina que no puedes vivir en la periferia y que tu única opción es integrarte al mundo de los demás. Si puedes imaginarlo sin sentir un rechazo, miedo o enojo, es posible que tu decisión de alejarte de la mayoría verdaderamente sea hecha en libertad.

Finalmente, sé que muchos pueden inquietarse cuando hablo de la periferia y sus habitantes, y del concepto de integrarse a la mayoría, ser como todos o pertenecer al resto. No debe verse sino como una metáfora, pero que encierra un concepto que considero importante aclarar. Por ejemplo, podemos adoptar (o nos inculcan) una religión determinada, pero antes de eso somos mexicanos porque nacimos en México. Antes de eso, antes de tener una nacionalidad, al nacer fuimos hombres o mujeres. Pero antes somos personas, incluso antes somos seres humanos. Y antes somos mamíferos y aún antes de eso somos seres vivos. Nuestras diferencias radican quizá en la religión, la nacionalidad y el sexo, ¿no es verdad? Pero si vamos más a fondo nos damos cuenta de que todos somos personas y no digamos seres humanos o seres vivos que sienten como tales y como también lo hacen los animales. A mí me gusta verme como ser vivo, ser humano y persona. No se me va la vida en defender causas absurdas como que si los hombres son mejores que las mujeres, o "está mal ser gay", alguien se equivocó en una estrofa del himno nacional o hay que acabar con los infieles que no creen en mi religión. Creo que esas distinciones fanáticas, sexistas o patrioteras hacen mucho daño.

Hay personas y grupos que aspiran a que no haya personas marginadas o no existan estas periferias sociales. Pienso, como ellos, que es lamentable que las haya, pero también que estamos muy lejos de que desaparezcan y, más lamentable aún, creo que en los últimos años, con las migraciones humanas, tendrán mayor fuerza. Considero que algo que nos ayudaría es ver nuestras diferencias donde las hay, sin hacer de ellas un problema. Que veamos más allá, hasta los lugares donde no hay diferencias. Cuando hablo de ser como el resto me refiero a sentirte una persona completa; como todos deberíamos sentirnos, a pesar de esas diferencias.

Buscar la perfección

—Y ahora... ¿Estás lista para oír la sentencia? —dijo la reina.
—¿Sentencia? ¿Sentencia?
Pero si todavía no me han juzgado —respondió Alicia.
—¡La sentencia es primero!
El juicio vendrá después —gritó la reina.
LEWIS CARROLL, *ALICIA EN EL PAÍS DE LAS MARAVILLAS*

Ya dije que la necesidad de pertenencia o afiliación es básica en los seres humanos porque somos gregarios (vivimos en grupos). Todos los seres cumplen una función o rol dentro de su sociedad. Es justo esta necesidad de pertenencia la que te mueve a mostrarte (y demostrar) que eres capaz de hacer las cosas bien; que mereces pertenecer al grupo porque eres alguien valioso y útil. La cuestión es que con la baja autoestima te sientes en deuda, que vas atrasado en el camino de la vida y por lo tanto tus pruebas deben ser más duras.

Una persona con baja autoestima se pone pruebas que una persona de autoestima normal no. Entonces las equivocaciones se hacen tragedias; los errores, catástrofes; el no saber algo se traduce en vergüenza y un olvido genera una gran culpa. En vez de comprenderse y tenerse paciencia, la persona de baja autoestima se castiga, regaña y humilla por haber fallado. La lógica detrás de este comportamiento es que la persona aprendió que si no logra algo por las buenas, será por las malas. Aprendió que una forma de "motivarse" es insultándose. ¿Pero quién se motiva realmente diciéndole que es un imbécil que no sirve para nada? Bajo esta condición, lejos de mostrarte comprensivo y empático contigo, te exiges aún más. ¿Pero, cómo esperas hacer bien algo más complicado si lo sencillo aún no te sale bien? Se crea un círculo vicioso de exigencias y decepciones.

La realidad es que los humanos no somos perfectos, nos equivocamos y aprendemos las habilidades más esenciales para la vida a partir del método ensayo—error. No siempre compramos en el lugar más barato, no todo el tiempo llegamos a tiempo, tampoco somos siempre los mejores vestidos o peinados de un lugar. Lo que ignoramos siempre será mucho mayor a todo lo que podamos saber y aprender a lo largo de la vida. Con baja autoestima nuestra condición humana nos expone a la vulnerabilidad y ésta se traduce en signo de debilidad que debe evitarse, especialmente si lo que se quiere es demostrar fortaleza y una supuesta perfección. No somos infalibles y sí bastante más vulnerables de lo que nos gusta admitir: es una parte natural de nuestra humanidad. A nadie le gusta equivocarse, es lo que nos lleva a mejorar.

Exigirte perfección y disfrazarte con una armadura de fortaleza sólo te debilita. Mientras más complejas las pruebas, más probabilidad de fallar. Mientras más fuerte es tu armadura, más miedo a que se descubra tu "punto débil", que siempre lo hay y se llama vulnerabilidad. Todos la tenemos, bienvenido al mundo real. ¿Por qué no darle entonces una tregua a tu autoestima y ayudarla a aprender como debiste hacerlo en la infancia? Con suavidad, fortaleza y alegría.

Entregar tu voz al enemigo

No hemos hablado de cómo me pagarás
No se puede recibir sin dar nada a cambio (...)
No es mucho lo que pido... Lo que quiero es tu voz.
Úrsula en *La sirenita* (Walt Disney Pictures)

Todos tenemos una voz interior, digamos que es la de nuestra mente que se encarga de recordarnos cosas, de llamar nuestra atención sobre algo que es importante y organiza lo que debemos hacer. Es la que nos cuenta los recuerdos del pasado, la que nos aterriza en el momento presente y nos ofrece una perspectiva de cómo puede ser el futuro. En fin, esa voz de nuestra mente es muy activa. Por cierto, al igual que nosotros, también se compone de 3 distintas "personalidades" que, como recordarás, son el "Yo real", el "Yo ideal" y el "Yo que se supone debería ser".

Siguiendo esta línea de pensamiento podemos decir que su parte "Real" es la que nos habla de lo que pasa y pasó; la "Ideal" de lo que le gustaría que pasara; la del "Deber ser" se encarga de recordarnos cómo deben, deberían ser y hasta cómo debieron ser las cosas. Esta última parte va fijando estándares y haciendo un recuento de lo hecho, como una especie de juez evaluador que no siempre está muy contento con el resultado, pero nos ofrece una guía importante para mantener cierto rumbo en nuestra vida.

Una buena autoestima ayuda a que estos tres elementos o voces internas se mantengan en equilibrio y nos ayuden. Ni nos ponemos muy soñadores o demasiado pragmáticos y tampoco tan rígidos. El equilibrio se rompe porque la baja autoestima lo desbalancea todo y aquellas voces duras, miradas y actitudes que vivimos en nuestra infancia, y se quedaron almacenadas como ecos en nuestra cabeza, proliferan como un virus que se apodera de ese “Yo que se supone deberías ser” para transformarlo en un “Yo crítico o tirano”, que ahora ha secuestrado a tu voz interior, la que dicta sentencias locas y hace que te regañes por todo y te castigues por nada. Seguro recuerdas al inicio del capítulo un dibujo, ahora te voy a explicar por qué se ve así. Te lo muestro una vez más con algunas modificaciones.

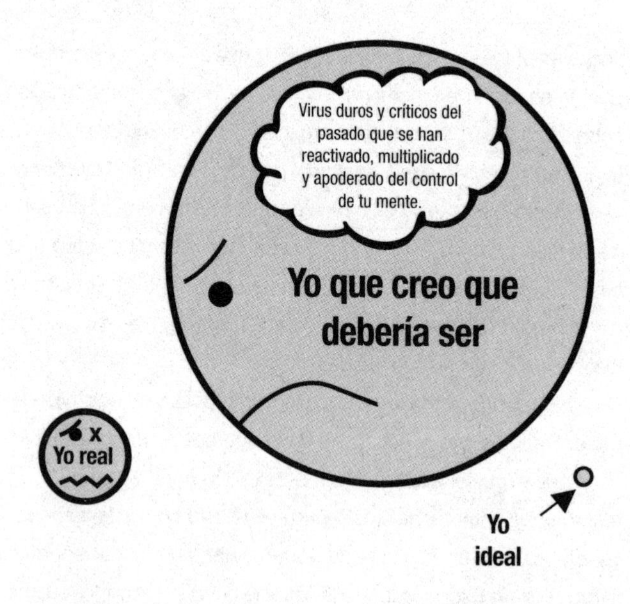

Bueno, aquí es clara la huella del “Yo que se supone deberías ser”, operando ahora bajo la influencia de esos virus del pasado que lo han vuelto “Loco de poder”. El virus también ha reducido el tamaño del Yo ideal y ahora resulta, como dije, lejano y casi imperceptible, sin fuerza. Tu Yo real está maltratado porque “no hace las cosas como debe”, “siempre mete la pata en todo” y “parece que no entiende lo que se le dice”. ¿Te suena familiar este escenario? Si no tanto, haz una lista de todas las cosas que te dices cuando te equivocas, fallas o sientes que no eres capaz. ¿Ya te suena más familiar? Bueno, pues todos esos insultos provienen de ese Yo crítico y perfeccionista que se encarga de señalarte errores y castigarte por ellos. Es el que dicta la sentencia y ejecuta el castigo. Juez y verdugo a la vez.

¿Abogado defensor? ¿Testigos a tu favor? De poco sirven porque esta "justicia" interna está amañada y enferma; además, la baja autoestima no tiene la fuerza necesaria para encarar estas acusaciones o apelar las sentencias. El problema es que no opones resistencia al contenido distorsionado de esa voz y, lo que es peor, ya ni siquiera la cuestionas y empiezas a creer ciegamente todas sus mentiras y exageraciones. Caes en un estado de resignación y entonces ya no piensas en cambiar nada aunque quieras, porque sientes que todo lo que hagas será inútil y eso es muy frustrante.

Esa voz te hace creer cosas tan absurdas como que tiene el poder de leer la mente y saber lo que los demás piensan de ti. De ver el futuro y conocer el resultado de algo que quieres hacer, algo que casualmente siempre será malo. Es la voz que está lista para decir "te lo dije", "ya ves, por no hacerme caso" o "¿en qué diablos estabas pensando?" Nuestra tendencia inicial es contradecirla. Por ejemplo, este sería un diálogo típico con la voz crítica de tu mente cuando empiezas a notar sus poderes:

> **Voz crítica:** *"Eres un imbécil, volviste a meter la pata."*
> **Tú:** *"Yo no soy ningún imbécil, lo que pasa es que no sabía."*
> **Voz crítica:** *"Ese es el problema, que no sabes nada, pero ahí vas. Eso prueba que sí eres un imbécil porque sólo a un imbécil se le ocurriría hacer algo sin saber."*
> **Tú:** *"Pues no lo soy. No soy un imbécil."*
> **Voz crítica:** *"Sí lo eres, pero eres tan imbécil que ni siquiera puedes reconocer que lo eres; es más, eres imbécil y necio por no aceptar la verdad cuando la miras."*
> **Tú:** *(silencio que otorga razón a esa voz).*

Es el cuento de nunca acabar porque no hay manera de convencer a un virus que no haga lo que sabe hacer. De nada sirven argumentos y razonamientos. Lo interesante es cómo nos enfrascamos en estos diálogos con esa Voz como si fuera alguien real al que debiéramos convencer. El problema entonces no es lo que te dice esa voz crítica, sino cómo te relacionas con ella. Si empezáramos a verla como lo que es y a tratarla como lo que es, probablemente empezaría a perder poder. ¿Y qué es esa voz? **Pues una voz y nada más**.

Esa voz crítica es el eco de muchas voces del pasado. De niño eran voces de autoridad porque no podíamos cuestionarlas o refutarlas sin consecuencias, pero hoy la cosa es distinta. Hoy podemos escucharla, es inevitable, pero lo interesante, lo que realmente ayuda a ahuyentarla es que ya no pueda replicarse. Tampoco la contradigas o trates de convencerla de nada; eso la fortalece. No la ignores por ahora; eso la hace más persistente. Al final del capítulo te ofreceré un breve ejercicio para trabajar con esto.

Compararte con los demás

[Lawrence apaga un cerillo usando sólo sus dedos sin mostrar signo de dolor alguno. Su amigo, William Potter, acaba de hacer lo mismo, pero rápidamente arroja el cerillo en un grito de dolor]

—¡Oh maldición, esto duele! —grita Potter.

— Ciertamente, duele —dice Lawrence.

—¿Cuál es el truco entonces? —pregunta Potter.

— El truco, William Potter, es que no importe que duela —finaliza Lawrence.

LAWRENCE DE ARABIA

No todos somos iguales, eso es una realidad, pero al parecer eso poco importa cuando nuestra autoestima es baja e insistimos no sólo en mirar a los que consideramos mejores o "más afortunados" que nosotros, sino que además nos comparamos con ellos. Una vez más, como seres sociales, esta conducta podría ser natural a fin de establecer rangos en un sistema social jerárquico. No es el caso en nuestra relación con familia, amigos o compañeros de trabajo. Mucho se nos ha dicho acerca de lo dañino e inútil que es compararnos y que el mejor favor que podemos hacernos es suspender de inmediato ese mal hábito porque, además de no llevarnos a ninguna parte, mantiene baja la autoestima.

Y es así porque no solemos compararnos con otros "peores" que nosotros (que con baja autoestima vamos a encontrar muy pocos), creemos que casi cualquiera es mejor que nosotros y ahí ponemos el estándar de comparación. Sin olvidar, por supuesto, aquella voz crítica que se encarga de mostrarnos las diferencias y nuestros defectos respecto a los demás. Todo eso, estoy seguro, lo entiendes, la cuestión es cómo rompes ese hábito cuando la voz insiste en que lo sigas haciendo o te recalca: "Eres peor que los demás." No te voy a engañar, no es sencillo porque no sólo depende de tu voluntad, sino de dónde colocas esa comparación y suele ser un lugar que te lastima.

Compararte con otros puede hacer despertar en ti sentimientos de envidia, celos, resentimiento o hasta sentir una pesada vergüenza que te aleje de los que más amas o incluso de tus amigos. Esto es tan determinante que hace bajar tus estándares incluso a la hora de aplicar para un trabajo o elegir una pareja. Ni le apuestas ni le inviertes a lo que crees que no mereces, menos cuando hay tantas otras personas más inteligentes, divertidas, cariñosas, guapas, amables, decentes y dignas de ser amadas que tú. Entonces, ¿qué hacer? Aparentar que no te afectan esas comparaciones no funciona. Tú sabes que sí te afectan; seguramente algún día, cuando tu autoestima mejore, no lo harán, pero hoy sí.

El truco puede estar en que, si no puedes dejar de hacer esas comparaciones, las hagas, pero bajo una estructura como ésta:

- Siéntate en una silla o sillón en un lugar donde tengas privacidad por unos minutos.
- Compárate con quien tú quieras.
- Reconoce qué emociones y sentimientos te produce esa comparación.
    - No los juzgues ni trates de evitarlos o callarlos; esto surge de manera natural. Pueden ser como dije envidia, vergüenza, celos, etcétera. Anótalos si te es posible.
- Quédate un momento analizando lo que sientes. Observa en qué parte de tu cuerpo lo sientes. No lo evites, pero tampoco lo alimentes. Deja que los juicios se vayan, sólo quédate con el sentir por un momento. Permanece así hasta que esos sentimientos empiecen a irse. Lo harán muy pronto. Sé que tu impulso será el de salir de ahí porque no es agradable, pero no te estás provocando nada nuevo; es lo que sueles sentir cuando te comparas, la diferencia es que ahora le estás dando la oportunidad de salir y expresarse a tu "Yo real" y a tu autoestima.
    - Recuerda, a la autoestima hay que tratarla con suavidad. Sé gentil contigo en este momento. No es tenerte lástima, sino genuina empatía por ese sentir. Como sentarte junto a un amigo que llora y dejar que se desahogue sin hablar, sólo abrazándolo. Imagina así a tu autoestima y busca la manera de acercarte suavemente esos minutos.
- Una vez que esos sentimientos empiecen a marcharse, levántate de ese lugar y estira tu cuerpo, vuelve a sentarte un momento más. Ahora piensa en las diferencias que encuentras entre tú y la persona con la que te comparaste. Algunas diferencias pueden ser reales (como que esa persona sea más alta o tenga más

dinero) otras más subjetivas (como que sea más simpática o más guapa) y algunas francamente fantasiosas (como que sea más feliz, espiritualmente realizada y no tenga preocupación alguna en la vida). Es tu manera de percibir a esa persona, no cómo es. De igual modo, como te percibes es sólo una posible manera de percibirte (con baja autoestima, seguramente muy distorsionada), pero no es como realmente eres.

- Las diferencias reales son eso, diferencias. Pueden ser temporales o permanentes, pero claro que vas a encontrar muchas diferencias medibles y observables. Bueno, es tu realidad por ahora. La cuestión es no hacer de esas diferencias un problema o, peor aún, EL problema de tu vida. Son lo que hay.
- Con las diferencias subjetivas o fantasiosas ni te entretengas más tiempo. Son sólo opiniones tuyas y tú no lo sabes todo ni tienes la verdad absoluta sobre los estándares de la perfección humana, así que por ahora las dejamos ir.
- Mientras sientas que este ejercicio te ayuda (aunque las primeras veces no sea muy agradable) repítelo con cierta frecuencia, especialmente cada vez que te compares con alguien. Lo que espero no es que dejes de compararte de inmediato (lo harás eventualmente), sino que aprendas que compararse es natural, a veces nos provoca sensaciones desagradables, algunas de esas comparaciones son objetivas y la mayoría fantasiosas. Busco que te sientas más libre de expresarte, sentirte y mirarte con suavidad al momento de compararte, ¿me explico?

Sé que quizá tú esperabas que te dijera que dejaras de compararte, así que si eso te hace sentir bien, ahí te va:

¡Deja de compararte!

¿Te sientes mejor? Lo sabía. Por eso no lo hice antes. Porque no funciona esta manera de trabajar con las comparaciones y estoy seguro que simplemente parar es algo que a ti ya se te ha ocurrido muchas veces o tal vez alguien que te quiere te lo ha repetido hasta el cansancio.

La autoestima que no es lo que aparenta

Ya mencioné que hay formas de autoestima que hacen parecer que se tiene una buena, pero en realidad no es así. Veamos algunas de ellas para aprender a identificarlas.

La autoestima contingente

Ya dije que la autoestima no sube ni baja de la noche a la mañana. Es normal que si nos va mal estemos tristes y abatidos por un tiempo y si algo nos sale muy bien estaremos felices y orgullosos, también por algún tiempo. Con cualquiera de estos sucesos, si son aislados, vamos a regresar a una autoestima base. Es decir, la que teníamos antes de dicho acontecimiento positivo o negativo.

Aun así hay personas que pueden ir de la gloria al infierno y de regreso en cuestión de minutos. Es el reino de las personas con autoestima contingente o "falsa buena autoestima". Son personas que desarrollan algo parecido a la buena autoestima no por sí mismos, sino por circunstancias regularmente fuera de su control. Por ejemplo, hay quien puede desarrollar "autoestima contingente basada en las relaciones". Este fenómeno hace que cuando una persona se relaciona con otra (una pareja) se sienta tranquila, feliz y muy amada. Le dan ganas de salir adelante, mejorar y se siente parte del mundo. Para estas personas las relaciones son fuente de dicha inacabable. Su pensamiento es: "Si este ser tan maravilloso y perfecto me quiere es que debo ser alguien digno de ser amado por él: soy muy feliz." Pero qué pasa si la relación se acaba o "los cortan". Entonces toda la fuerza de esa dicha se convierte en dolor; se sienten rechazados, miserables y sin valor alguno. Se preguntan por qué ya no los quieren y la conclusión "lógica" es: "Si esta persona que decía que me amaba ya no quiere estar conmigo es porque yo no valgo nada." Si el otro al ver ese dolor recapacita y le dice que no se marchará, entonces de nuevo la dicha regresará al corazón y se sentirá una vez más muy feliz.

Por supuesto a todos nos gusta sentirnos amados, tener un buen ingreso o que las cosas nos salgan como nos gusta, pero si hacemos de esas cosas un culto y en ellas basamos nuestra identidad, no podemos decir que tenemos una buena autoestima, sino una dependiente de algo externo para ser felices. Como lo externo no lo podemos controlar, estamos expuestos a ser arrojados al vacío del fracaso y la soledad ante lo que vemos como tragedia y que no son sino los cambios naturales de la vida.

La autoestima contingente, entonces, no puede llamarse buena autoestima porque no es algo que la persona realmente siente hacia sí, sino que depende de algo externo para sentirlo.

La autoestima jerárquica

Las personas con este tipo de autoestima, nada buena, suelen compararse mucho con los demás y, como ya vimos, esta comparación la hacen con estándares generalmente muy fantasiosos. Aun así no les gusta sentirse mal por lo que, para no salir tan "raspados" en esas comparaciones, suelen rodearse de personas que tienen peor autoestima que ellos. "En tierra de ciegos el tuerto es rey", dice el refrán, y nunca más cierto que en el caso de este tipo de autoestima.

Son personas que se van a la periferia no sólo a vivir, sino a buscar adeptos que les digan que son muy listos, muy valientes o muy bellos. Seducir a una persona de baja autoestima no es tan complicado, especialmente si les dices que eres como ellos y tú los entiendes. Por supuesto que esto se convierte en un pequeño reino muy reducido, porque en cumpleaños, festejos y otras reuniones, sólo son convocados los adeptos de más baja autoestima. Esto no mejora a nadie porque es como vivir en un mundo de fantasía. ¿Se puede ser feliz ahí? Es probable, pero por cuánto tiempo y a qué precio, antes de tener conciencia de que realmente no se hizo nada por mejorar y uno se empezó a poner "cómodo" dominando la incomodidad. ¿Qué pasa si uno de los de peor autoestima empieza a buscar mejorar? Será acusado de traidor al reino y expulsado, no vaya a ser que nos deje ver nuestra realidad.

La autoestima predadora

Finalmente está la autoestima predadora. Quizá una de las formas más tóxicas de baja autoestima porque puede aislar mucho a quien la padece y dañar a quienes le rodean, especialmente si su autoestima no es tan sólida. Esto lo experimenta una persona con verdadera baja autoestima, que no soporta el dolor de sentirse poca cosa y se ve obligado a ocultarlo fingiendo ser lo opuesto a lo que siente de sí mismo. Pero esto va más allá. El dolor que se oculta se acumula y se tiene necesidad de sacarlo sin verse vulnerable ante los demás. Entonces, la persona con este tipo de autoestima busca hacer sentir mal a otros como una manera de sentirse un poco mejor. Son personas muy críticas, de una aparente moral muy rígida y recta, que señalan errores a los demás, revelando secretos de otros, averiguando acerca de vidas ajenas, opinando de todo con una actitud de superioridad. Se ensañan con quien comete errores, no perdonan nunca y van por la vida "depurando" a sus pocas amistades porque nunca son lo que él dice merecer. Son personas que lastiman, denigran y humillan porque así es como se sienten consigo, pero no lo pueden mostrar al mundo. De ellos siempre es mejor alejarse porque no suelen buscar ayuda.

¿Qué vimos en este capítulo?

- La autoestima es la evaluación y actitud que tenemos hacia nosotros. Si no aprendimos a valorarnos adecuadamente, el trato que nos demos tampoco será bueno.
- Nos evaluamos en tres áreas básicas que son: autonomía, competencias y relaciones. Si nos sentimos libres de decidir, capaces de resolver los problemas de la vida y somos —y nos sentimos— parte de los nuestros, seremos valiosos a nuestros propios ojos.
- La autoestima se forma en la infancia, principalmente del trato que nos dan nuestros padres y de las vivencias que tengamos entre los 7 y los 12 años. La adolescencia es también un periodo vulnerable.
- Trabajar con la autoestima no es sencillo pues es parte de un proceso. Por ejemplo, las personas de baja autoestima no creen fácilmente en reconocimientos, halagos o incluso sus propios logros. Frecuentemente se sienten un fraude o, si les va bien, es cosa de buena suerte. La dureza con la que nos tratamos es otro factor que contribuye a una baja autoestima.
- Una autoestima normal o buena nos hace sentir personas tan buenas como cualquiera y parte de una sociedad. Tener buena autoestima es lo normal, lo anormal es tenerla baja, así que no se trata de buscar algo que la suba, sino de eliminar factores que la mantienen baja.
- Sentirnos diferentes, alejarnos de las personas, buscar la perfección o compararte con los demás son elementos que no permiten que nuestra autoestima mejore. También nuestra voz

crítica que resalta defectos, enjuicia y castiga sin razón es como un tirano que la tiene secuestrada.

- El trabajo con la autoestima involucra una gran paciencia y suavidad. Es como trabajar con un animalito herido y asustado o sentarse junto a un buen amigo que pasa por el peor momento de su vida. De esa manera debes tratar a tu autoestima para que se anime a salir a la superficie y pueda respirar en libertad.

Ejercicio sugerido: "Quítale poder a la voz crítica"

Haz una lista de todas las cosas negativas que te has dicho o sueles decirte cada vez que metes la pata. Imagina que te lo está diciendo esa voz crítica. Por ejemplo: "Eres un imbécil", "eres un fracaso", "eres un inútil", "eres un cobarde", "no sirves para nada", "nadie te quiere", "no vas a poder" o "te va a ir muy mal". Si te sale escribirlas en primera persona también puedes hacerlo así: "Soy un imbécil", etcétera. Escribe un mínimo de 10 frases cortas de este tipo.

Ahora toma cada frase por separado. Usa una hoja de papel por cada frase. Vamos a escribir una especie de diálogo entre la voz crítica y tú, de la siguiente manera:

¿Qué anotar?	Ejemplo
Escribe una de las frases que anotaste en la lista.	Eres un cobarde
Ahora vuelve a escribir exactamente la misma frase, pero en forma de pregunta. Transfórmala a primera persona, de ser necesario.	¿Soy un cobarde?
No dejes que la voz crítica te dicte la respuesta. Razona la pregunta, busca evidencias que confirmen y refuten esa creencia de tu voz crítica y responde más o menos de la siguiente manera:	Es verdad que hay muchas cosas que me dan miedo, creo que es natural, pero la realidad es que tan cobarde no soy y no siempre. A veces hago cosas que me asustan, pero las enfrento y las hago. Por ejemplo, la semana pasada me dieron muchos nervios al hablar en la junta, al grado que hasta me quería reportar enfermo, pero al final fui y pude presentar el proyecto. No me fue tan mal. También me acuerdo que muchas veces he sentido miedo cuando viajo en avión; la verdad me aterra la idea de que se vaya a caer aunque sé que es el medio de transporte más seguro.

	Me he fijado y mucha gente se persigna al despegar o aterrizar, pienso que también tienen miedo, pero al final todos subimos y bajamos con bien. Creo que después de todo no soy tan cobarde.

En este ejemplo la persona encontró más de una evidencia que refutaba la creencia "Eres un cobarde". Observa que en ningún momento se contradice con la creencia original o se le desafía, sólo se le cuestiona y se le somete a la duda y a alguna otra evidencia. Veamos otro ejemplo:

¿Qué anotar?	Ejemplo
Escribe una de las frases que anotaste en la lista.	Soy un fracaso
Ahora vuelve a escribir exactamente la misma frase, pero en forma de pregunta. Transfórmala a primera persona de ser necesario.	¿Soy un fracaso?
No dejes que la voz crítica te dicte la respuesta. Razona la pregunta, busca evidencias que confirmen y refuten esa creencia de tu voz crítica y responde más o menos de la siguiente manera:	La verdad últimamente no me han salido muchas cosas como yo quiero. De hecho, hay muchos proyectos que no he podido concluir, así que creo que de ahí viene esta idea. Eso no me hace sentir nada bien, me desanima y hasta me pone triste. Claro que hay otras cosas que me salen bien, pero las que verdaderamente me importan aún no puedo conseguirlas. Tal vez me estoy presionando demasiado con esto, pero aun así no me quiero rendir. A lo mejor tengo que ser un poco más flexible conmigo porque cada vez que voy a hacer algo importante me pongo ansioso para no fallar y acabo justo equivocándome. Creo que tengo que anotar 1 o 2 cosas que crea que sí pueda hacer en el corto plazo y hacer un plan. Las demás las pondré en una lista de espera para cuando acabe ésas. Siento que si un par de cosas simples me salen bien, eso me va a animar.

En este caso verás que la persona no pudo dar un ejemplo concreto que refutara la creencia, pero no porque no los tenga, sino porque su mismo estado emocional de frustración no lo dejó encontrar un buen ejemplo. Aun así, ofreció una respuesta que no contradice, pero sí refuerza la idea de que ser un fracaso no es una realidad, sino una creencia distorsionada. También abre una ventana de esperanza a que las cosas cambien a través de nuevas acciones.

Es la idea general del ejercicio. Haz esto con cada una de tus 10 frases. Tómate tu tiempo. No mientas ni exageres tus respuestas. Nadie tiene por qué verlas si tú no quieres y mucho menos nadie las calificará porque no hay modo de dar respuestas incorrectas. Lo importante es que adquieras el hábito de cuestionar y restarle poder a tu voz crítica sin contradecirla o hacer como que no la oyes. Escúchala y déjala ir. Ocúpate menos de ella y más de ti.

3

LÍMITES Y FRONTERAS

Tú eres tú, yo soy yo, y tú y yo no somos lo mismo.
Robert Dilts

Nuestro cuerpo está compuesto por varios billones de células de todo tipo. Todas forman nuestro organismo pero, a pesar de eso, cada una es diferente. Lo que impide que nuestras células se licúen entre sí (por así decirlo) es la membrana que las delimita. A grandes rasgos esta membrana celular separa lo que está fuera de lo que está dentro de la célula, pero no son barreras totalmente cerradas porque necesitan intercambiar compuestos para funcionar y vivir. Las células tienen una función que se llama permeabilidad selectiva que de alguna manera sirve como una especie de aduana o filtro que decide qué entra y qué sale para mantener la salud y buen funcionamiento. Algo parecido pasa con nuestra piel, que es como una barrera protectora que además permite la comunicación de nuestro cuerpo con el entorno. Hay compuestos que salen, otros que entran y otros que no pasan a través de la piel intacta en ninguna dirección. Otra especie de aduana orgánica.

Tanto la membrana celular como la piel son capas que delimitan a la célula y al cuerpo. Al mismo tiempo, sirven de fronteras protectoras entre lo que está adentro y lo que está afuera. Lo mismo pasa con nosotros desde el punto de vista social y psicológico. Normalmente seleccionamos a las personas con las que queremos estar y al mismo tiempo somos seleccionados por otras. También podemos filtrar ideas y decidir cuáles hacer nuestras y cuáles no. Además, dejamos salir algunos de nuestros pensamientos y creencias, mientras otros los guardamos y reservamos para compartirlos con algunos, o bien para que se queden sólo para nosotros. Otra manera de ver cómo funciona esto es pensar en nuestra casa. Nosotros decidimos a quién le abrimos la puerta y a quién le otorgamos la confianza necesaria, al punto de darle llave o mantenerlo nada más en la sala, sin entrar a las recámaras y la cocina. Aun así, normalmente hay lugares dentro de la casa que son de acceso exclusivo para nosotros como por ejemplo un clóset, un cajón o una cajita con llave en la que guardamos cosas muy personales. Incluso la información de nuestro teléfono móvil o el contenido de nuestro correo electrónico son elementos privados que podemos decidir abrir al mundo, a unos cuantos o no compartir con nadie. También dentro de nuestras relaciones hay bromas, comentarios o actitudes que permitimos a unas personas y a otras no. Con algunos tenemos una relación de mayor confianza y contamos algo muy privado, mientras con otros sólo tratamos temas superficiales, incluso hay cosas que nos llevaremos a la tumba y nadie sabrá por nuestra boca.

Esto a grandes rasgos son nuestros límites personales. Las cosas que dejamos pasar y las que no, dependiendo de la persona. Si fijamos esos límites para otros, esperamos que los respeten y, al mismo tiempo, nosotros respetar los de otros. Se trata entonces de tomar nuestras propias decisiones y mantener nuestra individualidad incluso en las relaciones más cercanas: es lo que mantiene nuestra integridad como personas. Por supuesto, mientras más cercana es una relación, esas fronteras son más permeables. Pero existen y deben existir en cada uno de nosotros límites claros como parte de una interacción sana con los demás.

Así que vamos a hablar en este capítulo de límites externos e internos. Fronteras necesarias y convenientes para ser parte del mundo social, sin perder identidad y sin atrincherarse en una fortaleza de aislamiento.

El principio de los límites

Establecer límites es algo que se aprende desde la infancia. Es evidente que cuando somos bebés y nuestros padres necesitan cambiarnos, asearnos y alimentarnos, muchos de esos límites son extremadamente flexibles, pero los hay. Conforme crecemos, nuestros padres nos enseñan a respetar sus límites de espacio, tiempo y persona mientras, y al mismo tiempo, idealmente respetan también los nuestros. No se trata de que nos dejen sin guía y estructura, por supuesto, sino que dentro de un marco de referencia familiar y social nos marquen fronteras y nos permitan ciertas elecciones para desarrollar nuestra identidad y establecer límites sanos. Si nuestros padres, hermanos u otros adultos significativos en nuestra infancia fueron abusivos, manipuladores, controladores o intrusivos, seguramente eso de los límites será algo muy complicado de entender y vivir.

Por ejemplo, un padre que hurga en el diario de una hija, un hermano que no para de molestar a otro a pesar de que llorando le pide se detenga o incluso alguien que te hace cosquillas sin parar aun cuando a ti no te gusta, son formas cotidianas de transgredir límites, aunque para algunos estas actitudes "no sean para tanto".

Una persona con buenos límites es capaz de refrenar sus impulsos, limitar sus deseos, contenerse y tolerar la frustración. No es que alguien con buenos límites no tenga impulsos o deseos o que deba "aguantar" mediante la sola fuerza de voluntad para no traspasar los ajenos; el aprendizaje consiste en saber canalizarlos, matizarlos y adiestrarlos para convivir en un entorno social. Los deseos y necesidades no se suprimen; se socializan.

Por el contrario, las personas con límites deficientes invaden nuestro espacio, nuestro tiempo, abusan de la buena voluntad, se entrometen en la vida de los demás, son imprudentes e incapaces de comprender el concepto del "no". Les ofende que les marquen líneas y no entienden por qué si ellos quieren algo, el otro no quiere lo mismo. Para ellos, los límites donde terminan ellos y empieza el otro, están muy dañados.

Los límites deberían establecerse desde el inicio de toda relación y, conforme esta se desarrolle, dichas fronteras pueden ser más cerradas o más abiertas. Se puede empezar con algunos límites sociales, conversando o conviviendo con una persona en una situación informal, y bajar las defensas cuando nos damos cuenta que esa persona nos agrada y es respetuosa de nuestros límites. Por el contrario, si nos damos cuenta que el otro empieza a cruzar sin permiso las fronteras que consideramos aceptables, debemos marcar un alto a esa actitud o alejarnos si es que no respeta nuestro espacio personal o nuestros deseos. Del mismo modo, a una persona que le tenemos confianza desde hace muchos años podríamos fijarle nuevos límites si descubrimos que abusó de esa confianza.

¿Cuáles son los límites sanos?

Cada uno debe establecer sus fronteras personales, qué filtros poner en la aduana y si los visitantes a tu mundo personal requieren o no de visa, vacunas y carta de no antecedentes penales. Y no es que seas "xenófobo" ni mucho menos, pero se trata de nuestra vida y nuestra integridad; de alguna manera debemos cuidarla, ¿no crees?

Cada uno establece sus límites personales dentro de lo que considera digno. Hay a quien las palabras groseras le son muy cotidianas y no le afectan y hay quien no las tolera. ¿En una interacción entre dos personas así cuáles son los límites? Si se trata de una relación ocasional, quizá quien no tolere esas palabras expanda un poco sus límites, sabiendo que esto es temporal, pero aun así buscará alejarse de esa persona o, en su defecto, le marcará un límite. Quien esté acostumbrado al uso de un lenguaje grosero, también debería hacer ajustes si nota que en el contexto en que se encuentra, ese lenguaje está fuera de lugar. Cuando vamos de visita a otro país es una buena idea conocer y respetar sus leyes y costumbres. Lo mismo pasa al interactuar con otras personas. Poner límites no implica obligar a una persona a comportarse de cierta forma, sino establecer con claridad los comportamientos aceptables para nosotros.

Sabes que eres muy rígido con tus límites cuando sientes que los demás te traicionan o te decepcionan; cuando te ofendes o molestas ante cualquier conducta o actitud, especialmente si además quieres corregir o hacer cambiar al otro. Por otra parte, sabes que tus límites son demasiado difusos o débiles cuando, con mucha facilidad y sin consecuencias, otros incumplen lo que prometen o invaden tu tiempo sin darte el suyo cuando tú lo necesitas. Tus límites también son deficientes cuando tienes la sensación de que otros abusan de ti y sientes que no puedes hacer nada o, pudiendo, temes hacerlo. El ser víctima de abuso suele sentirse como enojo contenido, frustración, impotencia, ansiedad o resentimiento hacia otros o hacia uno mismo por permitir esos abusos. Ahora que lo pienso, quizá en vez de la palabra "víctima", usada en la última frase debí escribir "víctima—cómplice".

Dentro de nuestra individualidad no olvidemos que somos seres sociales y que en ello también hay una base común de conductas aceptables y no aceptables para la mayoría. Por cierto, si eres demasiado rígido en tus límites ahora mismo estás pensando "pero yo no soy la mayoría, yo soy yo, y quiero que se me respete". No tengo nada que agregar a esto.

No "puedo" poner límites.

Como ya dije, si en nuestra infancia no respetaron nuestros límites es natural que tengamos unos deficientes y además nos cueste mucho trabajo ponerlos a otros. La falta de límites sanos ocasiona que hagas o sientas algunas de estas cosas:

- Estás disponible para los demás, aun a costa de tus propios deseos o necesidades.
- Temes poner límites porque te dejarán de querer o te abandonarán.
- Desarrollas gran sentimiento de culpa y eres vulnerable a los chantajes emocionales.
- Experimentas un sentimiento de indefensión ante los abusos de los demás.
- No te sientes digno de recibir ayuda, cariño o atenciones de los demás y entonces te comportas más servicial que los demás.
- Justificas conductas inadecuadas o abusivas argumentando que no te molesta o "no es importante lo que pasa".
- Crees que los demás pueden hacerte enojar, obligarte a hacer algo que no quieres o hacerte pensar, sentir o creer ciertas cosas. Crees que ellos tienen la culpa de que te vaya mal.
- Suelen buscarte personas con problemas, en crisis o con necesidades para que los escuches, aconsejes o se las resuelvas.

- Dependes de una pareja o alguien más para obtener validación o reconocimiento.

Pero la realidad no es que no puedas poner límites, decides no hacerlo por temor a las consecuencias que eso te traería. Preferimos, entonces, para evitar el dolor de sabernos cómplices de nuestra situación, pensar que "no me quedó de otra" o "las circunstancias me obligaron a actuar de esa forma". Esto se acompaña frecuentemente de un "¿pues qué querías que hiciera?" Como si de verdad ante una circunstancia o situación sólo hubiera una salida. Incluso si eres de los que no ponen límites, ahora saldré en tu defensa y diré que no siempre es que no quieras ponerlos, sino que no sabes cómo hacerlo.

Tal vez no es que te hayan obligado a hacer algo que no quieres, como por ejemplo, ir a algún sitio o quedarte más tiempo en un lugar. Seguramente lo permitiste por miedo a alguna consecuencia, por quitarte un sentimiento de culpa o por tu necesidad de complacer al otro aun contra tu voluntad y a costa de tu bienestar.

Poner límites siempre es posible en circunstancias ordinarias, así que cada vez que te digas: "No puedo poner límites", hazte una sola pregunta: "¿Qué es lo que realmente me impide ponerlos?" Yo sé que para algunos la respuesta puede ser: "No sé." Si es tu caso, la buena noticia es que no necesariamente necesitas saberlo ahora, sólo imagínate qué pasaría si supieras por qué. Repito, yo sé que no lo sabes, pero si lo supieras, ¿qué sería?

Una vez que tengas una respuesta a esa pregunta, sería buena idea que empezaras a trabajar sobre eso. Conocer el obstáculo que nos detiene hace más fácil que podamos removerlo, ¿no es verdad?

¿Por qué me siento mala persona si pongo límites?

Si evitas conflictos para mantener la paz,
comienzas una guerra dentro de ti.
CHERYL RICHARDSON

Hay que hacer lo necesario para mantener nuestros límites firmes y eso implica confrontar a quien los traspase. Cuántas veces por "no hacer olas" prefieres guardar silencio ante algo con lo que no estás de acuerdo. Primero esto parece funcionar, pero a la larga te hará sentir mal por permitir un abuso y entonces terminarás pisoteado por otro y regañado por ti. Como si tú fueras el enemigo.

Además tenemos ciertas creencias sobre lo que *se debe* y lo *que no se debe* soportar para ser una persona correcta. Guardar las apariencias y preocuparse por el qué dirán se vuelve una mordaza que nos impide sacar nuestra voz ante un desacuerdo. "No es para tanto, no seas delicado, aguántate", parecen ser los mensajes más comunes cuando alguien siente "pena ajena", especialmente si se da cuenta que estamos a punto de reclamar o fijar un límite a alguien. Es como si lo correcto fuera hacerse de la vista gorda y permitir un atropello. Como si defender nuestros límites estuviera mal porque nos vemos egoístas o groseros. No es poco común que con esta creencia te reprimas para detener un abuso.

También es natural que si te ves en la necesidad de establecer nuevos límites, especialmente con quien no tuviste que hacerlo, te sientas extraño. Esto es particularmente cierto si no te acostumbraste a poner un límite a los demás y has sido permisivo con todos. Para quién no ha sabido poner límites en el pasado, dibujar una rayita en la arena le puede parecer algo terrible, grosero y rudo.

Con frecuencia esta sensación resulta de una crianza con adultos chantajistas. De esos que te podían decir "entonces, como no me quieres dar un beso, me voy a ir y nunca más voy a volver" o "si no te acabas la sopa, el niñito Dios se pone triste". El mensaje es "tú te lo buscaste por no hacer lo que te digo o permitir lo que yo quiero; es tu culpa". No es casualidad que, bajo esta circunstancia, la culpa se haga presente cada vez que decimos "No" o "Basta".

Yo sé que es desagradable sentir culpa, pero a veces es el mejor indicador de que empiezas a tomar decisiones diferentes. El que la sientas no significa que la tengas, sólo la sientes. Un sentimiento no siempre se corresponde con la realidad. Cuántas personas siendo culpables de algo no dan la más mínima señal de aceptarlo. Cuántos sin tenerla sienten que cargan hasta con las ajenas.

Reconoce como natural este sentir en tu proceso de aprender a poner límites. No lo alimentes ni lo rechaces, sólo deja que se quede un tiempo y luego desaparezca. Cuando no pasa nada, ni sientes nada distinto, es muy probable que en verdad nada diferente esté pasando.

¿Cómo se ponen los límites?

Muchas personas se imaginan que poner límites es igual a iniciar una guerra, ponerse "rudos" o ponerle un violento "hasta aquí" a alguien que ya se pasó de la raya. Y no es injustificada esta creencia, pues mucha gente se ve en la necesidad de hacerlo porque ya dejaron que las cosas llegaran demasiado lejos. Hay quien, por no verse grosero, permite que otros penetren cada vez más en su espacio privado, fuera de los límites de lo que es cómodo o aceptable y sólo cuando ya causaron mucho daño se explota y se les expulsa violentamente con un: "¡Lárgate de aquí, ya me tienes hasta la mía!"

No habría que llegar a esos extremos si desde la primera transgresión hubiéramos hablado con esa persona y le hubiésemos hecho saber nuestros límites y nuestro desacuerdo o incomodidad con su actitud para que, a partir de ahí, se iniciara un proceso de fijar nuevas reglas entre ambos. **Los límites no son un castigo para el otro, sino una sana frontera para tu bienestar.**

Entonces, uno pone límites, primero haciéndolos notar, luego siendo más claro al expresar su importancia a nivel personal, en un tono de voz neutral, si lo anterior no fue suficiente. Se puede luego iniciar un diálogo con el otro diciéndole lo que ha ocurrido y las razones por las que no estás de acuerdo con eso. No se trata de convencer al otro, por supuesto, sino hacerle ver nuestra perspectiva, necesidades o límites personales.

Aunque hablaré del "No" con detalle, es importante ahora señalar que, si bien en lo posible debe prevalecer el diálogo, se hace necesario incluir en él algunas frases cortas que involucren la palabra "No", por ejemplo:

No

No quiero

Ya no

Ahí no

Así no

Aquí no

Ahorita no

Prefiero no

Sería deseable que estas frases pudieran ser matizadas con algún "por favor" o "gracias", nunca con un "perdona" porque al poner límites no hay nada que perdonar. No es un pecado. Eventualmente, si el otro insiste en brincarse la frontera, el diálogo puede cambiar de tono o se llega a otras acciones, como cerrar la puerta a esa persona y alejarse de ella.

Como ya dije, poner límites se logra justamente así: haciéndolos visibles. Como "pintar tu raya" y mantener a quien tú decidas del otro lado. Al final del capítulo encontrarás un ejercicio sobre cómo poner límites de manera práctica.

El poder de decir No

«No» es una frase completa.
ANNE LAMOTT

De unos años para acá la palabra "tolerancia" aparece por todas partes. Tolerar, nos dice el *Diccionario de la Lengua Española* es "llevar con paciencia", "resistir, soportar..." y "respetar las ideas, creencias o prácticas de los demás cuando son diferentes o contrarias a las propias" y esto último es algo que me parece fundamental entender y llevar a la práctica.

Ahora bien, muchos tergiversan estos significados y nos quieren hacer creer que tolerar es permitirlo todo. Por supuesto, yo puedo tolerar tu religión y cómo la profesas, mientras no implique sacrificios y estés pensando para eso en mis hijos. Yo puedo tolerar que te guste andar desnudo por la vida, pero no por eso voy a tolerar que entres a mi casa a robar. Yo puedo tolerar que tengas puntos de vista diferentes a los míos, lo que no puedo tolerar es que quieras obligarme a que los acepte como válidos, anulando mis propias ideas. No. Hay cosas que no voy a tolerar, que no voy a querer y no permitiré en mi vida y en mi espacio personal.

Que no haya confusión, lo que cada uno decide si tolera o no es la transgresión a los límites personales y no lo que otros decidan hacer con su vida. Lo que uno debe defender son estos límites, sin importar que quien los viole sea pobre, rico, feo, rubio, santo o pecador.

En el entender la tolerancia "a modo", algunos se desgarran las vestiduras ante la palabra "No". Y no sólo el que carece de límites no la comprende, sino parece que necesita verla acompañada de argumentos que evaluará, a ver si lo convencen, sólo entonces decidirá si puede aceptar un "No" como respuesta. Pongamos el siguiente diálogo entre dos amigos como ejemplo:

—Oye, ¿vamos al cine?

—No, gracias. Prefiero no ir hoy.

—¿Por qué no?

—Porque estoy desvelada y mañana debo levantarme temprano.

—¿Y para qué tienes que levantarte temprano si es sábado?

—Quiero ir a correr.

—Pues no vayas.

—Es que justo porque he tenido mucho trabajo no he podido en la semana hacer ejercicio y quiero moverme un poco.

—Pues te levantas más tarde y vas a correr y ya.

—No, porque en la tarde es cumpleaños de mi mamá y le vamos a hacer una comida en su casa.

—Pues entonces haces ejercicio el domingo.

—No, porque justo en la fiesta de mi mamá sí nos vamos a desvelar y quiero dormir el domingo un poco más.

—Pues si estuvieras tan cansada como dices no irías a correr mañana. Ya no seas payasa y vamos al cine.

—No es por payasa, es que de verdad no me quiero desvelar hoy. Si quieres vamos la otra semana.

—No es cuando tú quieras, eres una sangrona y odiosa. ¿Sabes cuándo te vuelvo a invitar a alguna parte? ¡Nun-ca!

Pero ya me has de pedir un favor y entonces vas a ver qué te contesto.

—Lamento mucho que te pongas así

—Yo me pongo como quiero. Olvídalo, adiós.

Si pensaste que la persona que no quiere ir al cine efectivamente es una sangrona, que nada le hubiera costado aceptar y no se moriría sin ir a correr un día, entonces tú, como el personaje insistente del diálogo, no comprendes los límites.

Un diálogo más sano podría ser de la siguiente manera:

—Oye, ¿vamos al cine?

—No, gracias. Prefiero hoy no.

—Ah que pena, me habría encantado que fuéramos hoy. ¿Cuándo crees que tengas tiempo para ir?

—La otra semana, seguro.

—Rayos, yo estoy de viaje. ¿La que sigue de esa, te late?

—Ándale, me parece perfecto.

—De acuerdo.

En este caso, la persona que propuso ir al cine no tendría que renunciar a ir ese día si quiere. Podría invitar a alguien más o ir solo si lo desea y en dos semanas ir con su amiga a ver otra cosa.

Sería conveniente empezar a hacer del "No" algo mucho más respetable para nosotros y los otros. Hasta en las situaciones más simples pasamos encima de él, y con ello también sobre los límites de la persona. Pensemos en una situación inocente de convivencia social. Una cena con invitados donde hay pozole y la anfitriona quiere halagar a sus invitados con la "delicia" que ha cocinado para todos:

—Ya terminaste, mijito, ¿te sirvo otro plato?

—No tía, muchas gracias. Estaba muy rico pero ya me llené.

—Ándale, otro platito.

—No, de verdad, muchas gracias.

—¿No te gustó verdad?

—Sí, me gustó mucho pero ya me llené; de veras.

—Nada, nada, se ve que quieres más. Mira nomás, si estás bien flaco. Tú no tienes que andarte cuidando, eso déjamelo a mí que de todo engordo. Te voy a traer más.

—No tía, en serio ya no, gracias.

—¿Me vas a despreciar? Mira, te voy a traer más caldito que granitos y si no lo quieres pues ahí me lo dejas en el plato

—Está bien tía...

—Ya ves como sí querías. Si no te conoceré Miguelito, te gusta que te ruegue.

¡No señora! No le gusta que le rueguen. Al muchacho sólo le faltó poner límites más firmes, pero ya estaba satisfecho, se lo dijo claramente más de una vez. ¿Por qué no puede aceptar un "No" como respuesta? Y tú, Miguelito, si te comes ese plato de pozole, aunque te lo sirva tu necia tía, estarás permitiendo que pisoteen tus límites. Si eres de los que piensan que esto que acabo de escribir es muy rudo o estoy exagerando, eres de los que tampoco ponen ni respetan límites. Pero vamos a seguir los pasos de la tía hasta la cocina y escuchar lo que ahí dice...

—A ver Tomasa, sírveme aquí otro plato de pozole.

—¿Para quién es?

—Para Miguelito

—¿Otro plato? Pero si ya se comió uno bien grande hace rato, con tostadas y toda la cosa.

—Ya ves. Ese Miguelito siempre ha sido bien tragoncito. Desde chiquito se echaba unas mamilotas así al hilo. Se quería hacer de la boca chiquita, pero yo lo conozco que no tiene llenadera. Ándale, ponle más granitos y más carne para ver si ahora sí se llena deveras.

Si transgredir límites "pozoleros" en una cena familiar fuera un delito penado por la ley, esta tía tendría cadena perpetua.

¿Cuántos de ustedes no se han comido algo cuando ya estaban plenamente satisfechos con tal de no hacer sentir mal a alguien? Lo mismo pasa con ir a lugares o hacer cosas que no se quiere. Pero como el miedo a verse malas personas, a que los critiquen y los vean feo, es más grande que su dignidad, pues ahí van diciendo "sí" cuando querían decir "no".

Las personas que atentan contra nuestros límites nos ponen en una posición muy interesante. Al decirles "No", "de aquí no pasas" o "ya has ido demasiado lejos", los violadores de límites nos quieren hacer ver como quisquillosos o "malas personas" que reaccionan de modo exagerado cuando "no era para tanto". Para ellos, el que nos interrumpan al hablar, tomen algo de nuestra propiedad sin pedirlo o hagan preguntas muy personales en un lugar inadecuado o sin haber establecido antes la confianza necesaria, no es motivo para que les marquemos un alto. Entonces, se apresuran a señalar lo agresivos, mezquinos o poco solidarios que somos cuando no accedemos a sus peticiones (léase exigencias disfrazadas). En realidad lo que estamos haciendo es comportándonos de manera firme y clara. En suma, aquel que no conoce límites los mira como una agresión, aunque lo realmente agresivo sea precisamente su propia conducta e insistencia.

El poder de decir "No" es un derecho que no debes ganar, sino un elemento necesario y sano para el establecimiento de nuestros límites personales. El que no respete eso no te está respetando a ti aunque diga que exageras.

Vamos entonces a devolverle su valor y respeto al "No". Dejemos de insistir incluso por cortesía cuando alguien nos dice "No". Y si no es eso lo que quería decir la otra persona; si de verdad se estaba "haciendo del rogar", pues de pasada aprenderá que "Sí" es sí y "No" es no y eso tiene consecuencias de las que será responsable. Ya sé que al principio esto se nos puede hacer raro o descortés; eso también indica que en eso de los límites te falta algún tramo por recorrer.

¿Y si el otro no respeta mis límites aunque ya se lo pedí?

Poner límites, por más claros que sean, puede significar nada para quién ni siquiera sabe qué es eso. Decir "No", no garantiza que el otro se detenga (ya vimos el ejemplo del pozole y el de los amigos y el cine)

Cuando el otro no respeta nuestros límites, a algunos les dan ganas de recurrir a la violencia para hacerle ver al transgresor que no están jugando. Lamentablemente para la causa de estos "limitadores violentos" reventarle un ladrillo en la cabeza a alguien es ilegal, así que pensemos qué otra cosa se puede hacer cuando alguien insiste en traspasar tus fronteras a pesar de tus peticiones.

Para empezar es bueno recordar que alguien que no respeta tus límites no le importa lo que quieres o sientes. Es alguien a quien no le importas tú y sólo le interesa lo que quiere y es evidente: no eres tú.

Mantén tu postura

Toda persona debe aprender que lo que dices lo haces y lo sostienes. Ya dije que los límites no son para cambiar la conducta de otro, sino para crear un ambiente seguro para ti. El otro es probable que insista, pero tú persistirás. ¿Para qué sirve que no le contestes el teléfono a una persona que te ha llamado 999 veces, si a la número mil respondes? Para enseñarle al otro que ahora mil llamadas es lo mínimo necesario para hablar contigo. Si la siguiente vez no respondes a la llamada mil, prepárate para otras mil o dos mil. Sabe que por agotamiento responderás, al menos hasta que dejes de responder.

Dependiendo de la cercanía afectiva de la persona, puedes ser más o menos tajante en tus límites y saber las consecuencias de romperlos. Por ejemplo, si es una persona cercana podrías lanzar algunas señales de advertencia del tipo:

- 1a. advertencia: "Te voy a pedir que por favor no me marques después de las 10 de la noche."
- 2a. advertencia: "Te pedí por favor que no me marcaras después de las 10; si lo vuelves a hacer voy a bloquear tu número después de esa hora y hasta la mañana siguiente", (deberás bloquear el número como advertiste).
- 3a. y última advertencia: "Te pedí que no me marcaras luego de las 10, lo hiciste y decidí bloquear tu número como te dije. Aun así, me llamaste a mi casa. Eso es inaceptable. Ya no quiero que me vuelvas a llamar o a buscar por ningún medio luego de esa hora. Si lo haces, voy a tener que distanciarme de ti por un largo tiempo (o de manera permanente)."
- Si aún hay una nueva transgresión, deberás cumplir cabalmente lo dicho.

Si la persona no es tan cercana, puedes ser más tajante una vez establecidos claramente tus límites iniciales. Si tomamos el ejemplo anterior podríamos toparnos con un diálogo así entre dos compañeros de trabajo:

> *—¿Qué pasó, querida Estelita? Te marqué anoche y no me contestaste.*
> *—Ah sí, es que después de las 10 no tomo llamadas.*
> *—¿Y qué tal si era una urgencia?*
> *—Mi familia sabe cómo contactarme en casos así.*
> *—¿Y por qué no tomas llamadas? ¿Qué, te duermes muy temprano?*
> *—No tomo llamadas después de las 10.*
> *—Mmmmmm... que rara eres Estelita.*
> *—¿Te parece?*

En este caso el compañero de Estelita llamó porque no conocía los límites de ella en esto de las llamadas, pero ahora ya le fueron transmitidos de manera clara. Por cierto ¿qué le importa a este sujeto por qué ella no contesta llamadas después de las 10? Ella hizo bien en responder como lo hizo. ¿Te pareció grosera o ruda Estelita hasta aquí? Te hace falta poner más límites en tu vida. Veamos qué pasó al otro día:

> *—Estelita, te estuve llamando anoche.*
> *—Ya sé. Pero ya te dije ayer que no tomo llamadas después de las 10.*
> *—Ay se me pasó eso. ¿Pero qué te cuesta contestarme?*
> *—No tomo llamadas después de las 10 y si me vuelves a llamar después de esa hora voy a bloquear tu número.*
> *—¿Cómo que vas a bloquear mi número? ¿Ahora qué te hice?*

—No respetar lo que te dije.

—Ya cásate Estelita, tan jovencita y ya estás bien amargada.

—Te voy a pedir que no me hables así, ni me digas lo que tengo que hacer con mi vida.

—Uy tú. Que delicada.

—Mira Rubén. No te he dado la confianza necesaria para que me hables así. Como veo que insistes, prefiero entonces ya no hablar contigo más allá de temas de trabajo.

¿Y si Rubén vuelve a insistir? Estelita debe mantenerse en no hablar con él de temas que no sean laborales. No deberá responder ninguna de sus agresiones o comentarios de manera verbal o no verbal. No tendría necesariamente que llegar a denunciarlo por acoso laboral, a menos que no desista en esta conducta. Ha sido advertido con claridad. Nadie puede darse permiso para traspasar tus límites.

Saltar barreras "en nombre del amor"

Dar y no esperar nada a cambio,
eso nace del corazón, eso es amor.
Oscar Wilde

Muy a propósito he elegido la frase anterior como punto de partida y para reflexionar sobre ella y su mensaje. Es verdad que el amor no debería estar condicionado a obtener algo para darlo, pero la verdad es que, de una forma u otra, dar y amar implícitamente pone el contexto para la reciprocidad. Para que el otro nos devuelva algo similar, aunque no siempre sea así. No es que se condicione, pero como seres sociales tan sano es dar como recibir y eso también entra en el reino de los límites. Recibir amor sin devolver lo mismo es una forma de abuso.

Es verdad que hay ejemplos de mártires y santos que han dado hasta la vida por otros y con sus sacrificios liberaron pueblos, pero la realidad es que esos casos no son la mayoría, no siempre esa acción surte el mismo efecto y hay que tener un carácter o personalidad muy particular para llegar a esos extremos. Sin duda también está el caso del amor hacia los hijos, que entra por supuesto en la categoría de incondicional, pero incluso así nos viene mejor que un hijo al que amamos nos diga "yo también te amo" a que nos dé una patada en el trasero. Hasta entre padres e hijos los límites son necesarios.

Justo porque el amor nace del corazón debemos ser incondicionales en su cuidado y evitar que lo lastimen, se aprovechen de él o lo humillen. Permitirlo todo en nombre del amor no es sino faltar a un deber primordial que tenemos con nuestro cuerpo, nuestra mente y nuestra dignidad. Somos los depositarios y guardianes de nuestra propia vida y nuestra tarea es protegerla de agresiones externas e internas.

La realidad es que damos y esperamos al menos la satisfacción del dar por sí mismo. Damos para no ver el dolor de aquel que necesita, para sanar el sufrimiento del otro o por librarnos de un sentimiento de tacañería emocional. Siempre damos por alguna razón y esperamos que dar ocasione un efecto en nosotros y en quien recibe. Por eso damos cuando amamos, para que el otro sepa que es amado, pero yo también necesito saber si me ama, por eso también quiero que me lo diga con palabras y actos. Necesitamos dar y recibir dentro de los límites de nuestros códigos románticos.

Todo esto aunque no seamos conscientes de ello. Sólo el masoquista disfruta sufrir y aun de su sufrimiento obtiene placer. Considero entonces que pedir o hacer sacrificios "en nombre del amor" es un extremo innecesario que traspasa todo límite, especialmente cuando de ello no se tiene un resultado favorable para todos los involucrados.

Y en todo caso, si alguien decide dar sin esperar nada o, más aún, sin recibir nada a cambio, eso tendría que ser por la libre decisión del que lo hace, no por presión del que lo espera o lo exige. Como cuando alguien invoca al amor o al amar como un justificante para traspasar límites. "Esto lo hago por tu bien", dicen algunos, pretendiendo saber cuál es el bien que el otro necesita. "Si te trato así es justamente porque te quiero y quiero que estés bien, pero tú me obligas a llegar a esto cuando no me entiendes", sería otra de las macabras frases que usa al amor como escudo en toda clase de atropellos narcisistas. "Esto es un mal necesario y estoy tomando esta decisión por ti, porque está visto que tú no te atreves", sería otro de esos mensajes que arrasan con todo límite entre dos adultos.

Entonces lo que conviene no es apelar al amor para justificar atropellos, sino al reconocimiento de límites deficientes, a la necesidad de colocarte por encima del otro porque crees que tú tienes la razón o haces un bien al "liberar" al ignorante de sus ataduras sin que nadie te lo pida. Esta maniobra puede ser directa o sutil, como cuando das consejos no solicitados.

Veamos por ejemplo el siguiente diálogo entre una pareja que se está separando:

> *—Hola Arturo. Vine por mis cosas, como quedamos.*
> *—Vamos a hablar.*
> *—Ya hablé y escuché lo suficiente. No quiero hacer esto más complicado y doloroso, sólo vengo por mis cosas.*
> *—¿Por qué no quieres hablar?*
> *—Porque ya hablamos, Arturo.*
> *—Pero yo quiero hablar más y decirte muchas cosas que no te dije. Yo te amo Fernanda y no quiero que terminemos.*

—Yo ya no quiero escuchar nada.

—¿Ves cómo te cierras? Por eso nos fue tan mal.

—¿Vas a dejar que saque mis cosas o no?

—Sí pero antes dame un abrazo y un beso.

—No quiero.

—¿Por qué no?

—Porque no quiero, porque sólo vengo por mis cosas y no quiero.

—Aunque sea un beso de despedida. Un beso por lo que nos quisimos y todo lo que fuimos.

—No.

—Ahí está la prueba de que nunca me quisiste, todo fue mentira. Por esa frialdad tuya yo no pude ser feliz a tu lado. Por eso me fui con otra que sí me quería.

—¿Sabes qué? Mejor me voy y luego veo cómo hago para recuperar mis cosas.

—¿Ya andas con alguien, verdad?

—Adiós Arturo.

—Eso, lárgate y déjame así. Si me pasa algo va a ser por tu culpa. Vete con tu nuevo novio a ver si él te aguanta lo que yo.

El Arturo de nuestro ejemplo definitivamente no entiende, nunca entendió los límites personales de Fernanda y exige lo que quiere "en nombre del amor" a pesar de haber sido él quien traicionó la confianza de ella al engañarla. Parece que sólo sus necesidades importan, pero a sus ojos ella es la cerrada, la intransigente y la que nunca lo amó. La mala del cuento, pues. Fernanda, que conoce y respeta sus límites, no permite más abusos, ni siquiera en nombre del amor. Ella actúa con claridad y firmeza, no entra en el juego de chantajes de su ex pareja. No hay amor alguno que justifique ceder a lo que no se quiere o a lo que daña.

Los peligros de vivir amurallado

Establecer límites sanos no significa aislarse de los demás o vivir en perpetuo estado de "No" ante todo y ante todos. Se trata de distinguir quién entra y quién no a qué partes de nuestro mundo personal. Por supuesto que esto, más que con la persona, tiene que ver con su actitud y su respeto hacia nosotros. Si no queremos, no tendríamos que prohibir la entrada a nuestro mundo a nadie por ser alto o bajo, de piel morena, de una determinada identidad sexual o de una religión distinta a la nuestra. Pero tampoco tendríamos que permitir todo a alguien sólo por esas mismas razones. Uno establece límites por la forma en que las personas se comportan, no por ser ellos.

Aun así, muchas personas lastimadas, que establecieron límites sanos, se sienten protegidas tras las gruesas paredes del aislamiento, aunque también eso las hace volverse un poco paranoicas, porque viven "escuchando ruidos, viendo sombras y esperando en cualquier momento una invasión enemiga". Pero, como de cualquier manera debemos convivir con personas en el trabajo, la escuela, la calle o la familia, es mejor establecer un sistema de identificación y clasificación que nos permita decidir cuáles se alinean más con nuestros límites y valores personales, a pasar la vida sospechando y cuidándose de todos.

Poner límites precisamente te ayuda a no atrincherarte en tu soledad o aislarte del mundo social, porque ponerlos es justamente una buena manera de protegerse del mundo externo.

Tus límites contigo

Imagina que un día despiertas y hay alguien más en tu casa, que te parece familiar, pero en realidad nunca habías visto. Cuando vas al baño y miras al espejo ahí está. Te mira y empieza a decirte lo viejo, gordo y descuidado que estás. Empieza a criticar la hora en que te levantas, lo que vas a comer y que no es posible que, otra vez, no tengas tiempo de hacer algo de ejercicio. Por estar platicando con ese alguien ya se te hizo tarde para el trabajo y también por eso te regaña. Te apuras y vuelve a arremeter contra ti porque no preparaste tu ropa desde la noche anterior en vez de estar echado viendo la televisión y perdiendo el tiempo. Sí, ese del que te hablo es aquel "Yo tirano" que vimos en el capítulo anterior, ¿recuerdas?, cuando hablamos de la baja autoestima.

No se trata de combatirlo, justificarte o defenderte. Recuerda que esas cosas no resultan eficaces. Se trata entonces de ser firme con él y ponerle límites. Puedes practicar el ejercicio del capítulo 2 ante sus críticas o también pararte frente al espejo y decirle algo como:

> *Ya estoy cansado de que me estés regañando por todo. Te voy a pedir que dejes de insultarme y criticarme porque eso no me hace sentir bien. No tengo que hacer las cosas como tú quieres sólo porque tú quieres que se hagan de esa manera. Tengo el derecho a equivocarme y también a corregir mis errores sin seguir tus órdenes o soportar tu maltrato.*

A esto lo llamo yo "no abandonarte al río de la vida". Es verdad, a veces las cosas no salen como queremos y también es verdad que eso nos hace sentir mal, entristece o enoja, pero no tendríamos que permitir que las consecuencias de esos errores nos arrastren como si no pudiésemos hacer nada para recuperar nuestra dignidad o intentar un rumbo distinto. Tampoco podemos abandonar nuestra voluntad o dignidad a los viejos ecos del pasado que caducaron hace mucho tiempo. ¡No!, no quiero ni voy a permitirme un maltrato más.

Puedes también ponerle límites a un "Yo complaciente" que no te ayuda a la hora de tomar decisiones, empezar algo nuevo o mantener un hábito saludable. Puedes decirle: "Sí, claro que me gustaría comerme un pedazo más de ese pastel, pero decido no hacerlo porque ya he comido suficiente." No niegas el deseo pero te adueñas de tu voluntad. Lo mismo puedes hacer con fumar, el sedentarismo o una alimentación poco saludable. Es hora de poner límites también a ese descuido y abandono al que te has permitido llegar. Es verdad que es normal sentir miedo al momento de tomar decisiones y emprender el camino hacia el cambio, pero siempre me he preguntado ¿no debería darnos más miedo mantenernos en ese estrecho lugar donde poco a poco nos vamos asfixiando y matando lentamente a nuestra alma y a nuestros sueños? ¡No!, no quiero ni voy a permitir un maltrato más a mí.

Muchos creen que para ponerse límites se necesita mucha dureza y no es así. Se requiere suavidad pero con firmeza. Como la de un padre que guía a un hijo en algo que aprende o un amigo que verdaderamente quiere ayudarte a estar mejor y sabe que no puede ser agresivo ni condescendiente contigo. Esto también es parte de un proceso donde el método de ensayo—error te muestra la dosis correcta.

¿Qué vimos en este capítulo?

- Poner límites es marcar las fronteras que rodean nuestro mundo personal. Nosotros decidimos quién entra en él y cuáles son los códigos de conducta aceptables estando dentro. Esto se aprende desde la infancia, principalmente cuando nuestros padres respetan o transgreden nuestros límites personales.
- Los límites no sólo son sanos, sino necesarios para la convivencia en sociedad. Incluso con nuestras relaciones más cercanas es necesario establecerlos y cuidar que sean respetados.
- Cada uno fija sus límites y no son los mismos para todas las personas. El parámetro es cómo te sientes ante el comportamiento de otro. Si te produce incomodidad, seguramente rebasó tus límites.
- Siempre es posible poner límites, pero a veces se decide no hacerlo por temor a las consecuencias. Generalmente se piensa que somos rudos, intolerantes o que, si se los ponemos a alguien nos dejará de querer. Esas fantasías y temores nos convierten en personas permisivas.
- Aprender a respetar y hacer respetar el "No" es una pieza clave al momento de poner límites. También frases como "no quiero", "ya no", "ahí no", "así no", "aquí no", "ahorita no" o "prefiero no", son buenas maneras de fijar nuestras fronteras.
- Recuerda que no es necesario levantar la voz, gritar, manotear o arrojar ningún objeto. Usa una voz calmada pero firme y, sobre todo, sé consistente en tus límites. Si cedes al chantaje o a la insistencia todo empeorará.

- Una prueba de amor no es entregarte a quien no te respeta y desatiende tus deseos. Ningún límite vale la pena romper "en nombre del amor".
- Los límites también se ponen a uno mismo. Limitar nuestra apatía, el descuido a nuestra salud o los hábitos nocivos es también una buena manera de respetarnos.

Ejercicio: 6 pasos para poner límites

Vamos a recorrer 6 pasos como guía o referencia para poner límites más sanos con otros:

1. **Identifica primero tus límites**
   a. Piensa en las cosas que más te molestan que la gente haga contigo. Por ejemplo: críticas, comentarios acerca de tu apariencia o peso, incumplimientos de promesas o acuerdos, tomar cosas de tu propiedad sin permiso, fumar en tu casa cuando tú no lo permites, hurgar en tu celular o correo electrónico, burlas, gritos, insultos, amenazas, chantajes, abusos de confianza, préstamos nunca pagados, aprovecharse de tu disposición, llegar tarde, etcétera.
   b. Estos son tus límites personales; identifica cuáles pueden ser más flexibles o negociables y cuáles definitivamente no estás dispuesto a permitir a nadie. Clasifícalos entonces en "Negociables" y "No negociables".
   c. Esta lista será para ti una especie de mapa de ruta para tus relaciones y puedes modificarlo según lo necesites.

2. **Ponte atento a tus alarmas internas**
   a. Sabiendo qué estás dispuesto a permitir y qué no, bajo ninguna circunstancia, es hora de interactuar con el mundo. Imagina que tu mente es como una computadora a la que alimentaste con los datos del paso anterior y ahora tiene una alarma que suena cuando detecta que alguien traspasa los límites de tu lista.
   b. Esa "alarma" no es otra cosa que tu voz interior, la que por cierto ya en el pasado te advirtió sobre estas transgresiones, pero que no has reconocido. En términos de sentimientos,

esa alarma puede venir bajo la forma de un sentimiento de enojo, vergüenza o desacuerdo profundo cuando alguien hace alguna de esas cosas. Imagina que esa alarma te indica que hay un "intruso" no autorizado dentro de los límites de tu mundo personal. Es una gran luz roja que se enciende y dice **NO.**

3. **Expresa con claridad tus límites**
   a. Cuando tu sistema de reconocimiento interno de límites haga sonar esa alarma, es hora de activar tu voz para indicar al intruso que traspasó los límites permitidos para él. Dile con claridad, sin titubeos, con una voz calmada y firme lo que está sucediendo.
   b. Por ejemplo puedes decir algo como:
      - "Por favor, te pido que no tomes mi ropa sin que yo te la haya prestado."
      - "No me gusta que me digas gorda; te pido que dejes de hacerlo."
      - "Cuando te preste mi computadora te voy a pedir que no le instales ningún programa sin que yo te haya autorizado a hacerlo."
   c. Cuando expreses tus límites evita que tu tono de voz suene a broma. Incluso mira y habla con la persona de una manera más firme de lo habitual. Recuerda, no hay necesidad de levantar la voz o ser agresivos de ninguna manera.

4. **Mantente en equilibrio ante las reacciones del otro**
   a. Como ya vimos en este capítulo, la persona no acostumbrada a respetar límites puede no recibir de buena manera que se los pongas. Puede reaccionar de manera hostil, burlona o sarcástica, presionarte con chantajes, acusaciones de tu

falta de solidaridad o hasta amenazarte con no volver a hablarte. Son reacciones comprensibles en una persona así pero, aunque eso lo explique, no la justifica.

b. Conviene que te mantengas firme una vez establecidos tus límites. No esperes que el otro esté de acuerdo con tus necesidades. A lo que puedes aspirar es a que las respete.

c. Evita también que tus emociones se desborden y empieces a gritar, manotear o insultar al otro. Eso ya no es poner límites sanos y empezarás una guerra de agresiones. Trata de mostrarte firme ante los desbordes del otro. Si haces esto ¡sus emociones pueden mojar tus pies, pero jamás te ahogarán!

d. Finalmente, lo que decida hacer esa persona ante tus límites es su decisión. Para ti lo importante es que respete lo que le pediste. Es lamentable si decide no hablarte, por ejemplo, pero recuerda que es su decisión y tú tienes el derecho de poner los límites que te convengan. Eso sí, nunca permitas que, como resultado de tu claridad, el otro te lastime o quiera dañarte física, emocional o psicológicamente. Si su agresión es desmedida o inaceptable, pon distancia de inmediato.

5. Reconoce y acepta tus sentimientos

a. Es posible que si no estás habituado a poner límites sientas que eres muy duro o experimentes un sentimiento de culpa. Es normal. Quien ha sido "blando", al ponerse firme siente como si fuera muy áspero.

b. No alimentes ni bloquees lo que sientes. Obsérvalo como parte del proceso de cambio que realizas. Es desagradable por el momento y a veces es inevitable lamentarlo por un tiempo, pero no será un sentimiento permanente en tanto no lo hagas crecer.

c. Piensa que las decisiones y límites que impones hoy serán en beneficio del Tú del futuro. Imagina a ese Tú viviendo una vida más libre, con mayor respeto y sin abusos gracias a lo que hoy haces. Deja que un sentimiento de gratitud que fluye desde ese Tú del futuro llegue hacia ti.

6. Devuelve el valor a tu palabra

a. La clave final es la persistencia. Mantente en la ruta de la claridad y la firmeza cálida. Recuerda que no agredes a nadie, sólo proteges tu mundo interior.

b. Busca ser consistente; si no permites algo hoy, evita permitirlo mañana para luego volver a limitarlo pasado mañana. Evita también cambiar tus límites de acuerdo con tu estado de ánimo del momento. Eso te confunde a ti y confunde a otros.

   - Si por alguna razón decides cambiar de opinión respecto al límite que has impuesto, hazlo en el futuro y no al ponerlo. Deja claro que lo has modificado porque así lo decidiste y no como producto de la culpa o el arrepentimiento. Si vas a modificar tus límites no lo hagas con frecuencia y hazlo saber con claridad.

c. Ante una transgresión, se trata de que hagas lo que dijiste como consecuencia de esa violación a tus límites. Por eso es importante que esas consecuencias sean alcanzables y no fantasiosas. Por ejemplo, si dices algo como "Si me vuelves a marcar nunca más te voy a contestar el teléfono", deberás cumplir lo dicho, de otra manera el transgresor sabrá que tus palabras realmente no tienen consecuencias duraderas y menos te respetará.

4

El mundo en blanco o negro

Todo lo que reprimimos nos debilita hasta que descubrimos que también constituía una parte de nosotros.
Robert Frost

En la vida hay cosas que nos gustan y otras que no. Ideas con las que estamos de acuerdo mientras otras no nos convencen. Personas que nos caen bien de la nada y otras que, nada más de verlas, les damos la vuelta. Hay quien prefiere el calor al frío (allá ellos) y a quien las vacaciones en la playa le parecen lo más fenomenal, mientras a otros el mar no nos hace tanta gracia. Todo esto es perfectamente normal; no tiene por qué gustarnos todo. Pero más allá de esto, ni calor, mar, personas o ideas son algo bueno o malo por sí mismos. Dependerá, como acabo de decir, del gusto de cada quien, pero también del contexto y el momento. Hay para quienes es buena idea quedarse callado y escuchar, y otros en que hablar es lo más indicado. A veces darse prisa es de ayuda y nos da buenos resultados, en otro momento ir con calma es la mejor idea. Ninguna de estas conductas es buena o mala por sí misma, depende de lo que busquemos con ellas. El resultado será lo que nos permita saber si lo que pasó fue bueno o no para nuestras expectativas.

Pensemos que es un proceso de categorización básico de las cosas. De un lado ponemos lo que llamamos "negativo" (lo que nos disgusta) y del otro lo "positivo" (lo que nos gusta). De igual manera, de cada lado podemos crear más categorías. Por ejemplo, del lado "negativo" hay cosas que no me gustan, que detesto y ya en el extremo algunas que odio. Del lado de lo "positivo" están lo que me gusta, me encanta y en el extremo lo que amo. Vamos a ver un ejemplo gráfico de lo que digo:

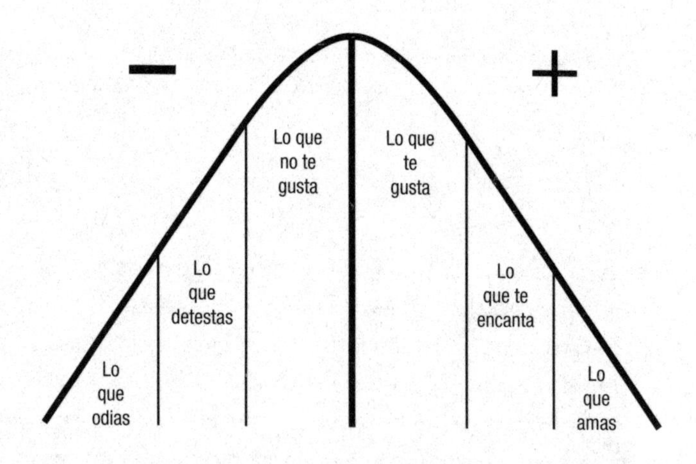

En esta representación de una curva vemos una categorización de las cosas. De un lado está lo que consideramos negativo y del otro lo positivo, divididos por una línea imaginaria dentro de esa curva. Del lado "negativo" ponemos algunas cosas (lo que no te gusta, lo que detestas y lo que odias) y otras del lado de lo positivo (lo que te gusta, lo que te encanta y lo que amas). Ya desde aquí conviene poner atención y resaltar algunas ideas. Observemos que, aunque la curva se divide en una parte negativa y otra positiva, y a su vez cada lado se fragmenta en distintas categorías, todo forma parte de la misma curva. Si alguien nos pregunta cómo se integra, tendríamos que mencionar todas las partes que la conforman. La curva en sí tiene elementos positivos y negativos.

También si observas con cuidado, verás que la superficie de cada categoría no es exactamente igual. El lado de lo positivo es ligeramente mayor que el de lo negativo. Además, la superficie de "lo que no te gusta" y de "lo que te gusta" es más grande que las otras. Podríamos decir que si tuviésemos que llenar cada categoría, es evidente que cabría más en estas dos por ser más grandes. En "lo que te encanta" y "lo que detestas" también caben elementos, pero menos que en los dos mayores. Finalmente, en "lo que odias" y "lo que amas" no cabe mucho porque es superficie pequeña, aunque lo que metas en esos extremos tiene un peso importante en tu vida.

Entonces, podríamos decir que en la vida hay muchas cosas que me gustan y otras que no; algunas que detesto mientras otras me encantan y muy pocas que odio o amo. Tiene sentido, ¿no es así? Ya sé que a muchos les debe hacer ruido ese extremo de "lo que odias" porque les han enseñado que odiar es malo y seguramente alguien ya está pensando "yo no odio nada, al contrario, amo todo". Si por tu mente pasa algo parecido a esto último, qué bueno que lees este capítulo.

¿Odiar es malo y amar bueno?

Ambas pasiones forman parte de la experiencia humana, aunque no se quieran o puedan reconocer, así que probablemente no son buenas ni malas, ya que son naturales en nosotros. La cuestión no tan favorable con estos extremos de amar y odiar, es nuestra tendencia a proyectar cualidades en objetos, personas, experiencias o ideas sin que realmente las tengan. Basta que coloquemos algo en la categoría de odiado para proyectarle toda clase de cualidades negativas, sin darnos cuenta de que no las tiene en realidad, sino que nosotros se las atribuimos y acabamos tomando por verdades. Lo mismo pasa con lo amado: le ponemos mil y una virtudes y cualidades positivas, como si ese objeto de nuestro amor emanara perfección y belleza universalmente reconocidas por cualquier ser de cualquier tiempo, lo que tampoco es verdad. Entonces, lo que llamamos "odiado" y "amado" es tan bueno o malo como lo que sobre ellos proyectemos y las expectativas que les impongamos. También lo que se haga como fruto de estos sentimientos derivará en qué tan buenos o malos puedan resultar. Odiar la opresión puede conducir a la libertad y amar sin medida a pretender la posesión y propiedad de lo que se dice amado. Muy probablemente un componente que suele acompañar a estas pasiones, y alcanza a descomponerlas, sea el responsable de que se salgan de control en nuestras vidas. Me refiero a la ansiedad.

Para que quede más claro nuestro ejemplo, ahora vamos a colocar algunos elementos dentro de esa curva y sus respectivas categorías:

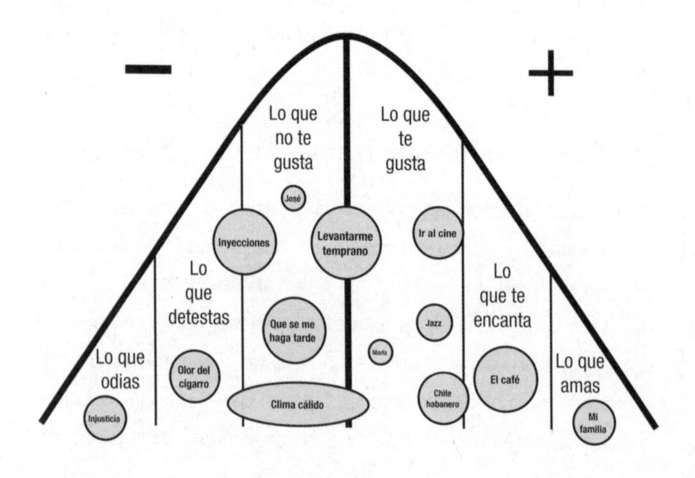

Ahora vemos que dentro de estas categorías hay elementos que conviene observar y analizar para comprender toda la idea. Como dije, las superficies de cada categoría no son iguales. En las más grandes caben más elementos y en las más chicas menos. Ahora bien, observando la curva de arriba y su contenido, hagamos un breve análisis:

Es evidente que me gusta ir al cine y a veces casi me encanta. Levantarme temprano no me gusta demasiado, pero a veces sí, cuando tengo mucho trabajo y aprovecho el día. El jazz me gusta, pero no me encanta y María me cae bien en general. El chile habanero me gusta y algunas veces me encanta, eso depende de la comida que acompañe. Es evidente que el café me encanta, aunque no puedo decir que lo amo, porque para mí amar está reservado para muy pocos elementos en mi vida, como también lo podemos observar. Lo que me pasa con el clima cálido es interesante; regularmente no me gusta y en determinadas circunstancias (por ejemplo, con mucha humedad) francamente lo detesto; pero cuando llega el invierno lo extraño y me gustaría tenerlo. De ninguna manera lo odio porque ese clima es lo que es y que a mí no me guste no lo hace malo, aunque a veces lo deteste. Que se me haga tarde no me gusta francamente y José, por cierto, no me cae muy bien porque es alguien que no suele respetar límites. Las inyecciones no me gustan y a veces también las detesto, especialmente si son de esas lentas que duelen más. El olor a cigarro francamente lo detesto, aunque no lo odio, pero no odiarlo no significa que me guste. Simplemente lo detesto. Finalmente, las injusticias francamente sí las odio. No por lo que son, sino por lo que para mí representan. Sé que el término "injusticia" es muy subjetivo, pero aun así en mi sistema de clasificación hasta allá va a dar.

Por otro lado, por más que me gusta el chile habanero no lo como tanto porque me irrita el estómago. De igual modo, y aun detestando las inyecciones, a veces debo permitir que me las apliquen porque me hacen bien. Es decir, hay cosas que me gustan y no me convienen, cuando rebasan cierto límite, y hay otras que no gustándome me hacen bien y me convienen. Esto es un concepto muy importante porque no pocas veces tomamos decisiones fijándonos en el placer que en el momento nos da algo, sin mirar mucho los posibles aspectos negativos de esa decisión. Esto pasa con las compras o al momento de elegir una pareja, por ejemplo. Entonces podemos decir que **no todo lo que nos gusta nos conviene, ni todo lo que nos conviene nos gusta.**

Alguna vez me invitaron a un programa de radio. Recuerdo que toqué un tema que tenía que ver con conflictos familiares, la gente podía hacer preguntas vía telefónica y la conductora seleccionaba algunas para que yo diera alguna respuesta. El programa duraba una hora, así que hubo varios cortes comerciales. En cierto momento, fuera del aire, la conductora me miró fijamente y me dijo algo así: "¿Sabes que me choca de los psicólogos, Mario?" "No, ¿qué te choca de los psicólogos?", le pregunté. Ella respondió: "Que nunca pueden dar una respuesta concreta; para ustedes nada está bien ni está mal y cuando uno quiere saber algo no se definen, ¿a poco no?" Lo pensé un momento, la miré a los ojos y le respondí: "Mmmmm... puede ser, pero no estoy seguro de que siempre sea así." Fue muy interesante ver su gesto de frustración con mi respuesta.

Y así vamos por la vida clasificando cosas, experiencias y personas que nos rodean. Este sistema nos permite comprender el mundo de manera más ordenada, pero lo que debemos entender es que es sólo eso: un sistema de clasificación y no una descripción de la realidad, de cómo son las cosas. Clasificar y separar en positivo y negativo no es algo que se haga de manera consciente o simplemente como una estrategia, es un proceso mental y es inconsciente. Lo que puedes hacer consciente es decir "esto es bueno", "esto es feo" o "esto es malo", pero el proceso de decisión es muy profundo. Aun así, sabemos que para cada uno, cada elemento en sí encierra cualidades que nos son favorables o positivas y desfavorables o negativas. No todo nos gusta al 100% ni todo nos desagrada en su totalidad. El problema surge cuando este sistema de clasificación se vuelve extremo, tajante, excluyente o desordenado y entonces ya no se pueden integrar aspectos positivos y negativos de algo o alguien, como cuando pensamos que algo es totalmente bueno o totalmente malo.

Los extremos del pensamiento

Si recuerdas la curva anterior, recordarás que en los extremos está "lo que odio" y "lo que amo". También que son espacios muy distantes de la línea media y, además, son muy reducidos, por lo que no podríamos meter muchos elementos. Pero imagina por un momento que de pronto nuestra curva fuera aplastada por un gigante justo en su centro. Que la parte central quedara reducida a un tamaño muy pequeño. Podrían pasar muchas cosas, pero imaginemos que al aplastarse por el centro, todos sus elementos se desplazaran hacia los extremos. Veamos un ejemplo:

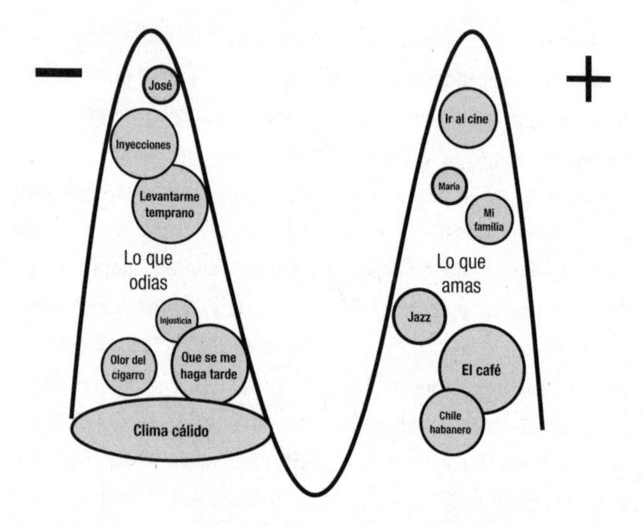

Aquí nos damos cuenta de cómo las categorías centrales quedan aplastadas y desaparecen, y los extremos que antes eran pequeños, ahora se expanden y agigantan porque en ellos debe caber todo lo que antes estaba distribuido de otra manera. Ante este fenómeno no quedan sino dos grandes y únicas categorías: lo que odias y lo que amas, y ahora todo queda clasificado así.

Antes el café me gustaba; bajo este esquema ahora lo amo, igual que el cine, el jazz, a María y el chile habanero, que ahora como sin restricción aunque me haga daño, pero esto lo voy a negar; voy a decir que no me hace daño y no me pasa nada sin importar cuánto coma porque lo amo y no puedo "manchar" ese amor con algo malo, así que a los ojos de otros, incluso los míos, sufriré de malestar pero no se lo atribuiré al exceso de picante en la comida. Por otro lado, ahora no sólo odio las injusticias, sino también el olor del cigarro, que se me haga tarde, el clima cálido, levantarme temprano, a José y las inyecciones. Y no importa cuánto bien me pueda hacer un medicamento inyectado, no dejaré que me pinchen porque odio las inyecciones y desde ahora son malas.

No me importa cuánto bien me puedan hacer, no quiero saber nada de ese bien, ni quiero que me lo recuerden. En mi mundo ahora son malas, punto y se acabó.

Estas son algunas de las consecuencias cuando nuestro pensamiento es blanco—negro.

¿Qué tiene que ver Plaza Sésamo con todo esto?

Recuerdo que de niño me gustaba ver en la televisión *Plaza Sésamo*. De las cosas que más recuerdo es cuando uno de los personajes ilustraba los opuestos: "cerca—lejos", "arriba—abajo", "grande—chico", "abierto—cerrado". Era muy divertido aprender así conceptos que serían la base de otros más complejos. No recuerdo si tenía 4 o 5 años, pero me costaba trabajo integrar algunos en la vida cotidiana, especialmente cuando mi mamá me decía que dejaría una puerta "entreabierta" cuando hacía mucho calor. Entreabierto no es ni abierto ni cerrado; se parece más a abierto, pero como es casi cerrado no supe bien a qué reino pertenecía. *Plaza Sésamo* nunca me habló de eso en mi niñez.

Separar en pares los opuestos es una manera muy simple y básica de clasificar las cosas. Quizá para un niño le sea de utilidad para empezar a comprender el mundo en grandes bloques, pero de adultos nuestro pensamiento se hace más complejo y entonces matizamos las experiencias y comprendemos que nada es absolutamente malo o bueno y todo es relativo. Por ejemplo, algo que se aleja de nosotros se acerca a otra parte. Algo que nos puede parecer enorme, palidece junto a las dimensiones del Universo. En México decimos que estamos al norte de Guatemala, cuando al mismo tiempo estamos al sur de Estados Unidos de América. Siempre estaremos al norte y al sur de alguien más. Por cierto, el concepto de norte y sur, poniendo uno arriba y otro abajo, pierde todo sentido cuando vemos la tierra desde el espacio. Pero es un modo de ordenar y clasificar el mundo que nos rodea.

Entonces categorizar en grandes bloques nos permite entender las cosas, pero quizá hemos dejado un gran hueco en la educación al no enseñar cabalmente a integrar, porque no basta con categorizar; además, debemos comprender la relación de las partes con el todo y su funcionamiento en el mundo real. Por ejemplo, cuando se enseña anatomía se muestra el cuerpo humano fragmentado en diferentes componentes. Hay órganos, aparatos y sistemas. Células, huesos, músculos, tendones, venas y arterias. El cuerpo humano se puede fragmentar tanto como se desee para entender cómo funciona. Pero en la experiencia humana lo que nos interesa es cómo los diferentes elementos se integran para formarnos y que funcionen como se espera. Cosas diferentes bien integradas dan buenos resultados, ¿no es así? Como los polos magnéticos de la tierra: uno en el "norte", otro en el "sur", nos protegen de los rayos cósmicos.

El mundo de los súper héroes y algunas figuras religiosas no se alejan de estos extremos de total bondad o total maldad. Sólo en tiempos recientes se nos deja ver el lado oscuro de un héroe o la parte humana de un villano. Cuando los vemos así, más como son, se convierten en personajes más entrañables que aquellos totalmente buenos o malos de los que solían hablarnos. Leyendo el libro *Cuando todo se derrumba* de Pema Chödrön encontré un pasaje muy ilustrativo al respecto:

> *Cuando era niña, tenía un libro lleno de dibujos llamado* Vidas de Santos. *Estaba lleno de historias de hombres y mujeres que nunca habían tenido un pensamiento agresivo y nunca habían hecho daño ni a una mosca. El libro me pareció totalmente inútil como guía para enseñarnos a los*

> *seres humanos cómo vivir una buena vida. Para mí,* La vida de Milarepa *es mucho más instructivo... Milarepa era un asesino, y como la mayoría de nosotros cuando metemos la pata, quería reparar sus errores... Mintió y robó para conseguir lo que deseaba, se deprimía tanto que tenía arranques suicidas y sentía nostalgia de los viejos tiempos... cuando casi todos lo consideraban uno de los hombres más santos del Tíbet, su vengativa tía continuaba pegándole con palos e insultándolo, y él tenía que seguir pensando qué hacer en situaciones tan humillantes.*

Conocer la furia de los "buenos" o la suavidad de los "malos" nos ubica a nosotros dentro de un todo. No se trata de no sentir o resistir una tentación, sino que, si caemos en ella, si se comete un error, se tenga la sabiduría y la fuerza para recomponer el camino. Si alguien se siente totalmente malo ni siquiera hará nada por reparar el daño causado, porque "no lo merece". Y aquel que se crea totalmente bueno se horrorizará y castigará ante cualquier pensamiento "impuro". Pienso que deberíamos sentirnos capaces de todo, de cualquier cosa por horrible que parezca y que, una vez que asumamos que somos capaces de las peores atrocidades, decir: "Esto, aunque puedo, decido no hacerlo." Es la verdadera libertad, la no condicionada por los tabúes sociales o por un ojo supremo que todo lo mira. La libertad de reconocer las pasiones y decidir cuáles y en qué medida queremos asumirlas y aquellas que, sin negarlas, decidimos no realizarlas. Analiza esta idea, antes de rechazarla.

Pensemos como ejemplo en la infidelidad conyugal. Un gran problema con las parejas es pensar que eso nunca pasará entre ellas. Nadie cree capaz al otro de engañarle hasta que, desafortunadamente, descubre que sí lo era. Entonces el engaño duele más porque no sólo lastima el acto, sino la fractura de la imagen de la persona o relación idealizada. Incluso se llega a pensar "todo lo pasado fue mentira", mancillando con ello toda la relación y todo el amor que hubo y que tal vez aún hay. Si pensamos que la infidelidad es algo que puede pasar en toda relación, se vuelve un tema que se puede abrir y discutir abiertamente en vez de evitarlo como algo "muy malo y ajeno" que no puede tocar algo "muy propio y bueno".

Crecer pensando que siempre debemos ser buenos, bonitos, obedientes, generosos, alegres y amables para ser felices, nos aleja de sus opuestos, que son parte de la vida. Identificarse sólo con lo positivo es querer vivir como un "Yo que creo que debería ser", negando y ocultando al "Yo real". Sin la fortaleza de este "Yo real" nunca podremos llegar al "Yo ideal".

¿Quién nos enseñó a pensar así?

Todas las sustancias son venenos, no existe ninguna que no lo sea. La dosis diferencia un veneno de un remedio.
PARACELSO

Retomemos aquí la importancia de hacer la pregunta correcta. Puede ser que nadie nos haya enseñado a pensar así, sino que los seres humanos desarrollamos, a lo largo de nuestra evolución, este estilo de pensamiento para sobrevivir. Nuestros ancestros probablemente tenían que dilucidar rápidamente si un animal era bueno o dañino para ellos o si la persona que uno se encontraba en el camino estaba con él o contra él. Era una cuestión de supervivencia y no había mucho tiempo de hacer elaborados análisis para encontrar lo bueno de lo malo y lo malo de lo bueno en esas situaciones.

La cuestión es que hoy nuestro mundo interior y nuestro mundo social son más complejos y cada vez están más interconectados y que simplificar las cosas acaba por complicar aún más la manera en que nos relacionamos con ellas. En vista de esto, considerar al pensamiento de estilo "blanco—negro" como algo malo, es precisamente caer en la misma trampa. Es algo que nos fue muy necesario como especie en el pasado y que nos puede ayudar en el presente al relacionarnos con el mundo. Pero también es algo que debemos usar con sabiduría en la vida adulta, para no caer en las trampas y los efectos cuando las cosas se van a los extremos.

Por supuesto, tampoco podemos cerrar los ojos a ciertas patologías que llevan al pensamiento a polarizarse. Personalidades límite, narcisismo o depresión son factores que harán de este estilo de pensamiento parte de la vida. Incluso hay teorías que afirman que el abuso severo en la infancia condiciona este estilo como un mecanismo de defensa. Ante la sospecha de cualquiera de estas condiciones, la mejor idea es buscar ayuda profesional.

¿Desde dónde estás pensando?

Separar, entonces, es inevitable, pero llevar las cosas a los extremos no ayuda. Debemos reconocer diferencias porque las hay, sin duda, pero una vez más conviene insistir en que el problema con las diferencias es hacer de ellas un problema. Si recuerdas los ejemplos anteriores acerca de nuestros ancestros, para sobrevivir era muy importante distinguir un animal dañino de otro que no lo era y a un humano como amigo o enemigo. Si pensamos en ambas situaciones no es difícil adivinar que lo que dominaba en ese momento era el miedo. Bien, pues la evolución no ha desaparecido ese mecanismo, sólo nos ha dotado de la capacidad de regularlo mediante funciones superiores.

Tomar decisiones, elegir entre diversas opciones o separar las cosas en categorías opuestas puede venir de una de dos fuentes principales. La primera, nuestra mente superior (que reside en el lóbulo frontal) y la segunda, nuestra mente primitiva (que habita en la amígdala), altamente emocional, condicionada por el miedo y los instintos de supervivencia. Cuando dejamos que nuestra mente superior o más evolucionada tome decisiones, regularmente el resultado es satisfactorio, especialmente si poseemos los conocimientos e hicimos las reflexiones necesarias acerca de algún tema. Por el contrario, si lo que domina nuestro pensamiento son los miedos primitivos, seguramente tendremos problemas. El principal es separar el mundo en opuestos y hacer de lo bueno y malo figuras desproporcionadas. Todo lo que no sea amigo será enemigo y será uno muy grande al que se debe temer, odiar o eliminar. En cambio los amigos serán infalibles e incondicionales y los colocaremos en un altar.

Cuesta mucho trabajo comprender que separar el mundo en opuestos sólo es un acto mental primitivo que será muy dañino si no tenemos conciencia de lo que es: una proyección de la mente primitiva.

Hace años tuve una paciente con unas credenciales académicas muy exitosas. Con todo y eso, parecía siempre adoptar malas decisiones al elegir los trabajos que hacía y terminaba en labores que no le gustaban o en empresas donde no le permitían crecer en lo profesional. Ya no vamos a entrar en el ámbito de sus elecciones de pareja, que tampoco eran muy acertadas. Explorando un poco la situación, eliminando a la mala suerte o el vudú como responsables de lo que le pasaba, descubrimos que su padre siempre le dijo que no debería aceptar cualquier trabajo mediocre y debía ser muy cuidadosa porque cada trabajo por el que pasara quedaría para siempre en su historial laboral. Por otra parte, su madre se encargó de mostrarle todo el potencial de maldad que encerraban los hombres y cómo debería ir siempre con pies de plomo en sus relaciones para no entregarse fácilmente y no ser lastimada. Además, su madre también fue una mujer muy crítica con su apariencia y sus gustos para vestirse, desde niña.

Pensando en este ejemplo, parece evidente que al elegir un trabajo o pareja estaba más dominada por su mente primitiva, separando las opciones "buenas" de las "malas" al buscar trabajo o pareja por el miedo a equivocarse. El gran problema es que cuando la mente primitiva se activa para ayudarnos a sobrevivir, las funciones superiores se bloquean. Pensemos en esa mente como el carro de bomberos: cuando escuchamos la campana y la sirena, todos le abrimos paso. Así ocurre con nuestro sistema de pensamiento. Cuando se aprendió que algo es muy malo, se activan estas alarmas apenas se detecta y nuestra "ciudad mental" se paraliza para dedicar todos sus recursos a apagar el "incendio".

Hagamos juntos un pequeño ejercicio para observar el poder de este mecanismo básico sobre nosotros:

Te daré una serie de palabras y sus opuestos. Tu tarea es encontrar una sola para cada par que describa el justo medio entre dos opuestos. En el primer renglón te daré un ejemplo y los demás los haces tú:

Opuestos	Palabra que describe el justo medio entre ambos opuestos
Blanco—Negro	Gris
Bonito—Feo	
Bueno—Malo	
Arriba—Abajo	

Cerca—Lejos
Éxito—Fracaso
Alegre—Triste
Fácil—Difícil
Confiado—Desconfiado
Chico—Grande
Entretenido—Aburrido
Ansioso—Relajado

A veces no resultó sencillo, ¿verdad? Incluso tal vez utilizaste una misma palabra para definir el punto medio entre dos opuestos o las palabras se parecen mucho entre sí como "en medio", "medio", "regular", "normal". Y no es porque no existan toda clase de palabras para definir con mayor precisión algo que queremos decir, sino que usar extremos facilita la vida al momento de contar una historia. Eso buscaban justamente nuestros ancestros, facilitarse la vida para sobrevivir, pero nosotros ya no vivimos en cuevas. Hoy conviene agregar un poco más de pensamiento racional al asunto. Por ejemplo, si dices: "Esa película es horrenda. No la vayas a ver", creará en tu mente, y en la del oyente, una imagen distorsionada de lo que realmente es. Algo muy distinto a tomarse la molestia de precisar y extender tu narración, para decir algo como: "A mí esa película no me gustó porque tiene muchas escenas sangrientas y se me hizo muy larga para la historia que cuenta." Aquí sigues hablando de la misma película, pero también de tus gustos y tu percepción. Si a quien le comentes esto le gustan las escenas con sangre, seguro irá a verla en seguida.

No dejes a un niño el trabajo de un adulto

Podemos entonces decir que pensar en "blanco—negro" es un recurso primitivo. No es malo, sólo es primitivo y como tal, sus recursos son limitados. No podríamos pedir a un niño ni a uno de nuestros ancestros que se hiciera cargo de organizar nuestra agenda, llevar nuestras finanzas o asesorarnos sobre nuestra vida social. Si lo hicieran, lo harían con los recursos que disponen, y con resultados limitados. Y es más fácil que los miedos infantiles pasen a la vida adulta que al revés. No me imagino a un infante preocupado por la hipoteca de la casa, la caída de las acciones de la Bolsa de Valores o el poderío nuclear de Corea del Norte. Pero sí a un adulto lleno de miedos infantiles como fallar, decepcionar, equivocarse, ser lastimado, abandonado o rechazado. Estos miedos nos pueden paralizar o llevarnos a actuar de maneras que acaban por lastimarnos. Son miedos que condicionan nuestras reacciones.

Tomemos por ejemplo las amistades. Por el miedo al rechazo o a ser traicionados, con mucha facilidad expulsamos amigos de nuestro "paraíso" por cometer el pecado de romper nuestras reglas internas no escritas. Es otra característica de los extremos y la polarización: rigidez e inflexibilidad que no admite explicaciones o puntos conciliatorios. Se hace tajante y se defiende contra lo que sea. Lo que es bueno, bueno se queda o tendrá que convertirse en malo.

Un paciente me contó alguna vez que hacía "limpias" anuales en su Facebook. Revisaba su perfil y las personas que no le habían escrito nada o dado un "like" en alguna publicación durante ese año, ya no las consideraba amigos y las borraba. Estos ex amigos eran remplazados por nuevas personas y así, pasado otro año, muchos dejaban de ser sus amigos. Un día le pregunté:

—Entonces tú tienes dos categorías, los que son tus amigos y los que ya no son tus amigos, ¿no es así?

—Sí —me respondió.

—¿Nunca has sentido que eres amigo de alguien a pesar de que no estás presente de manera continua en su vida?

—No. Si soy amigo de alguien siempre estoy presente en su vida.

—Tienes mejores amigos que otros.

—Todos mis amigos son mis amigos.

—Lo entiendo, pero entre esos amigos, no tienes acaso unos que son más cercanos. Digamos un mejor amigo.

—Bueno sí, tengo a mi mejor amigo, Sebastián.

—¿Lo ves con frecuencia?

—En realidad no. Él vive en Japón desde hace dos años, pero somos buenos amigos y la distancia no rompe eso.

—Eso también lo entiendo. ¿Cuántas veces se han visto desde que se fue?

—No nos hemos visto por una cosa o por otra. Estuve a punto de ir la navidad pasada pero no pude, aun así nos comunicamos muy seguido por mensaje o videollamada.

—¿Te pone cosas en Facebook?

—¿Y eso qué tiene que ver con que seamos amigos o no?

Hay varias cosas a resaltar en esta conversación. Lo primero es la postura defensiva de mi paciente cuando sentía que yo podría cuestionar su perfecta amistad con ese amigo. Como clasifica a ciertas personas en dos categorías (amigos y los que ya no lo son), si empieza a dudar de la amistad con su mejor amigo, corre el riesgo de expulsarlo a la otra categoría, pero no quiere hacer eso y se justifica de manera apresurada con cada respuesta. Muy probablemente teme descubrir que, de acuerdo con sus rígidos estándares, ese amigo tan amigo no cumple cabalmente con ellos. Otra cosa a destacar son sus estándares personales, que no hace explícitos a los demás. Si no hay interacción en esa red social en el transcurso de un año "la amistad caduca" y ellos también son "expulsados del paraíso" por sus pecados. Y si uno se hiciera presente al menos una vez al año, no caería en desgracia a sus ojos.

La verdad es que hay diferentes tipos de amigos. Los que están cotidianamente presentes y los más ausentes, pero sabemos que están ahí si los buscamos. ¿Qué bien me puede hacer alguien que se dice mi amigo pero huye cuando tengo problemas? Incluso si un amigo hace eso, tampoco se convierte en enemigo. Puede ser mi amigo de fiestas o de tiempos buenos, así como hay amigos de tiempos malos y amigos "todo terreno". Eso es conceder rangos en nuestras categorías.

Veamos claramente un ejemplo de esta distinción entre un estilo de pensamiento basado en el sistema límbico (primitivo) y otro más racional o superior. Tomemos de nuevo como ejemplo la amistad:

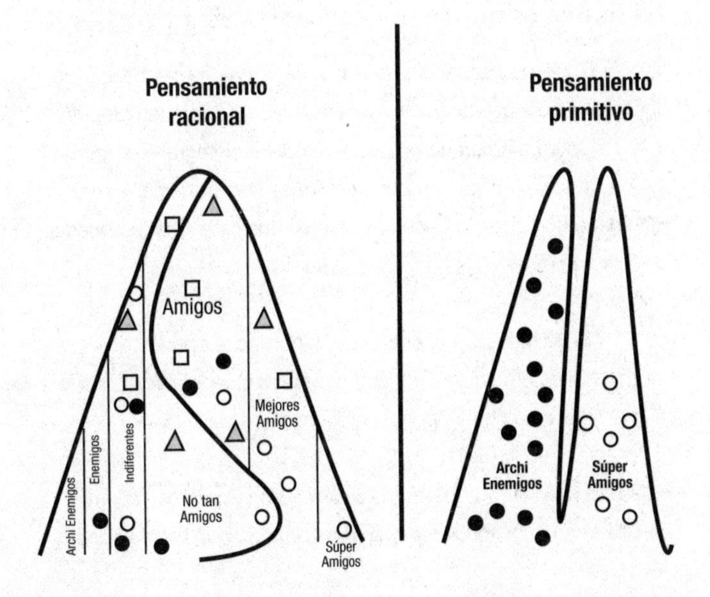

En nuestra categoría de "Relaciones de amistad" podemos identificar distintos rangos que van desde los súper amigos hasta los archienemigos, pasando por los mejores amigos, los amigos, los no tan amigos, los indiferentes y los enemigos simples. Con el pensamiento primitivo estas categorías no son posibles y entonces sólo hay dos posibilidades: "El que no está conmigo, está contra mí." El que alguien no sea tu súper amigo no significa que tenga que ser tu archienemigo.

Ese estilo de pensamiento suele hacerse más evidente cuando nos domina alguna emoción intensa. Estar bajo presión, tener estrés elevado, un estado de ansiedad o un enojo desbordado, son factores que activan nuestro pensamiento primitivo y lo hacen tomar el control de nuestras decisiones, particularmente cuando nuestras funciones superiores no han sido debidamente fortalecidas mediante el desarrollo de la inteligencia emocional.

Ni nunca es nunca, ni siempre es siempre

Ya mencioné que separar en opuestos es una forma básica de aprender a conocer mediante grandes bloques. Pero también dije que era un problema que no nos enseñaran a integrar los opuestos en un todo, como componentes de la vida personal y social. Esto hace que cuando ponemos algo en una categoría, no puede ubicarse en otra.

> "Si no me apoyas, entonces es porque te opones."
> "Si no eres mi amigo, entonces eres mi enemigo."
> "Si algo no es bueno, entonces debe ser malo."

Estas diferencias tan obvias (creo ya resultan claras), se acompañan de otras más cotidianas y sutiles como en la siguiente frase:

"Tú nunca me haces caso y yo siempre soy el que sale perdiendo en nuestra relación. Está visto que a ti no te importa nada. Todos están antes que yo, pero sabes qué, de ahora en adelante todo será diferente. Ya no voy a permitirte ni una sola de tus groserías y la próxima vez me largo para siempre."

Otro buen ejemplo del pensamiento blanco—negro en acción. No cuesta mucho trabajo imaginar a alguien diciendo esto en un estado de enojo o gran frustración, ¿verdad? Además, quien dice algo semejante por lo general no cumple nada de lo que dice porque todo se basa en lo emocional, en el calor del momento. Si pudiésemos agregar algo más de racionalidad a este reclamo, quizá quedaría de la siguiente forma:

> *Siento que a veces me ignoras y eso me afecta mucho. A veces me da la impresión de que nuestra relación no te es tan especial, sobre todo cuando siento que algunas personas, como por ejemplo tu hermana o tu amigo Juan, son más importantes que yo en tu vida. Considero que es necesario hacer algunos cambios en nuestra relación porque ya no quiero seguir sufriendo los desplantes que me haces cuando te quiero decir algo y te vas. Si esto no es posible, entonces tendré que replantear mi papel en esta relación y a partir de ahí tomar decisiones.*

Es clara la diferencia entre ambas maneras de decir las cosas. Sé que quizá pienses ahora mismo en alguien con quien alguna vez discutiste así. Tal vez decirle a esa persona las cosas de un modo u otro no hará gran diferencia porque "nomás no quiere entender". Quizá tengas razón, tal vez no, pero lo más importante es el efecto que este estilo de pensamiento menos polarizado y radical tenga en ti; lo importante es que desarrolles la habilidad de identificarlo y hacer algo para matizarlo de acuerdo con el momento y la circunstancia.

A veces, en una discusión con alguien, cuando no ganas entonces ___________.

Si al completar la frase anterior pensaste de inmediato en la palabra "pierdes", ahí tienes otro ejemplo del pensamiento polarizado. Pudiste haber puesto "buscas negociar" y eso sería una respuesta menos extrema. Y por supuesto, nadie quiere sentir que pierde, pero la pregunta es: ¿En realidad pierdo si no gano? A veces llegar al mejor acuerdo posible es el camino, porque así, aunque ninguno gane todo, nadie pierde todo.

¿Qué tiene de malo pensar así?

En sí, nada, siempre que seas un niño o un cavernícola. Porque este modo de pensar te traerá algunos problemas. Unos los identificarás directamente, otros son menos obvios. No voy a describir aquí los extremos patológicos de dividir el mundo en blanco—negro (eso lo dejo a los psiquiatras) pero sí quiero que veamos algunos efectos posibles indeseables que te acarrea este estilo de pensamiento.

Perviertes el pasado

La vida es cambiante, también las situaciones y relaciones a lo largo del tiempo. Adaptarse a esos cambios, incluso propiciar algunos y evitar otros, es parte de la experiencia humana. Las cosas no siempre resultan como las planeamos y a veces algo no funciona como deseamos. Las causas del cambio suelen ser multifactoriales. No siempre hay una sola causa de algo, sino más bien interrelaciones que generan un resultado. Es inevitable sufrir alguna desilusión porque algo no resultó como pensábamos, incluso cuando creíamos conocer algo o alguien muy bien.

Con un pensamiento polarizado, cuando algo te decepciona en el presente, barres también con el pasado. "*Todo* fue mentira", "*Nunca* me quiso" o "Gasté los mejores años de mi vida para *nada*", son pensamientos que acabarán con todo buen recuerdo. Ese pasado, sumado a tu sentir del presente, condiciona tu futuro y jurarás que *nunca* volverás a amar a *nadie*. Que *todas* las personas son *malas* y *siempre* se quieren aprovechar de tu *buen* corazón. Ver toda la vida como una farsa donde se vivió con una venda en los ojos es otra de las ilusiones que proyecta esa mente primitiva. ¿Y qué si de pronto mañana descubres que en realidad eres adoptado o creyendo que lo eras no fue así? Seguro tienes vivencias de tu niñez que hasta antes de esa noticia eran buenas: ¿Esta revelación las hará malas? ¿El que hasta ahora se te haya revelado una verdad hace que todo lo vivido sea mentira?

Te fanatizas con facilidad

Cualquier cosa con la que te identifiques positivamente te parecerá fantástica, una revelación, el camino hacia la felicidad y tu realización personal. Entonces saltas del budismo al yoga, luego a la kabbalah, después a la metafísica para terminar tomando clases de Reiki y así convertirte en sanador. ¡De aquí soy!, dirás en cada ocasión antes de saltar a lo que te parezca mejor que lo anterior. A cualquiera le dices maestro, gurú o sensei y lo verás recubierto de un halo de perfección. Incluso de personas realizadas esperas demasiado y lo esperas para ti. Si vas a ver al Papa o al Dalai Lama, te formas 6 horas para agarrar buen lugar y si cuando pasan cerca de ti no te sonríen o te dan la mano, pensarás que son unos engreídos que no practican lo que predican.

Y no es que sea malo buscar "el camino" a través de las propuestas mencionadas, el problema es que cuando no sabes lo que buscas, es fácil que cualquier cosa se interponga entre ti y lo que realmente quieres. Proyectando *toda* clase de expectativas fantasiosas *nada* alcanzará el nivel que imaginas. Además, como idealizas "la iluminación" y esta no es *tan rápida* como imaginaste, entonces se te hace *muy lenta* y abandonas su camino.

Con la misma facilidad te desilusionas

Con estas expectativas imposibles o fantasiosas es muy fácil desilusionarse. La cuestión es que atribuyes esa desilusión al objeto idealizado y no a una mente primitiva que pasa de la luz a la sombra con la velocidad de un parpadeo. Amigos, familia y dioses, todos pasan por el escrutinio de tus centinelas mentales. A la primera falla, mancha o pecado, su destino será el infierno de tu odio y desprecio. Esto no tiene pocas consecuencias en tu vida. Un estado de desilusión constante te hace vivir en la tristeza y el resentimiento. Perderás la esperanza y la fe porque, para ti, todo tiene sólo dos caras. La buena y la mala.

Podríamos pensar que en algún momento estas desilusiones te llevarán a aprender alguna lección, pero no. Al contrario, te inclinarás cada vez por propuestas más radicales con las que te identifiques. Basta que alguien te proponga algo más extremo y descabellado para que sientas que "ahora sí" has encontrado la verdad. Esto es muy frecuente en el mundo de las sectas.

No soportas la incertidumbre ni la ambigüedad

No podemos predecir el futuro, ignoramos más de lo que sabemos y muchos factores intervienen para que las cosas resulten de tal manera. Las personas no siempre están del mismo humor y tampoco actúan siempre de manera lógica o predecible. ¡Eso es un infierno para el que piensa en blanco o negro! Él necesita categorizar, poner todo en un cajón o en otro y dejarlo ahí por un buen tiempo. "¿Sirve o no sirve? ¿Lo tiro o lo guardo? ¡Pronto, que ya quiero saber!" Esta indefinición se percibe como amenazante y produce estrés y ansiedad. O te paralizas ante no saber qué decidir, porque buscas señales que te ofrezcan certezas o te "ahorras" ese sufrimiento y catalogas de inmediato todo como mejor puedas con la poca información que tienes. En este segundo supuesto cometerás muchos errores e injusticias, porque tirarás cosas útiles y conservarás basura. Dejarás ir buenos amigos y te quedarás con otros que no lo son tanto.

Ante la incertidumbre se tiende a maximizar lo negativo de lo valorado. Tú buscas la solución *perfecta* o la respuesta *definitiva* y no la encuentras. El mundo se te viene encima. "¿Vive o muere? Que muera por si las dudas."

Te atascas en una emoción o sentimiento sin cambio

Tomemos una vez más la muerte de un ser querido. Es un hecho importante y doloroso, sin duda. Es natural sentirse triste, pero también es natural recuperarse de una pérdida a través de un proceso de duelo. No se volverá al estado anterior, pero tampoco se tendrá que vivir en desgracia a partir de eso. La vida se retoma de manera distinta. No necesariamente mejor o peor, sólo distinta. Se debe aprender a vivir bajo nuevas circunstancias y, especialmente, con la ausencia de lo amado en nuestras vidas. Es un proceso de adaptación que lleva trabajo y tiempo. ¿Pero qué tal cuando quieres combatir la tristeza con la alegría? Cuando el dolor lo quieres revestir de indiferencia con un "no pasa nada". El fracaso de este empeño está garantizado. No importa que al día siguiente tires todas las pertenencias del difunto o conserves su habitación como un museo, pretendiendo que está de viaje y algún día volverá. No importa cuánto te entretengas o distraigas para no pensar en lo ocurrido, queriendo escapar del dolor mediante una "fuga a la salud". No puedes pasar de la tragedia a la dicha de un salto. Entonces, como al final no lo consigues, te abandonas al río de las emociones y dejas que te arrastren sin control. Como no puedes hacer *todo*, prefieres no hacer *nada*. *¿Para qué, si no mejoro?,* será tu mejor argumento. Y no es que no mejores, es que tienes tanta prisa por pasar del "mal" al "bien" que no hay forma de hacerte cruzar por el puente de la transición gradual.

No hay espacio para la reflexión

Una vez que decimos "esto es así", dejamos de cuestionarlo. Lo catalogamos y ponemos en el "cajón" correspondiente. ¿Pero, qué tal si eso no era así sino de otra manera? ¿Qué tal si esa certeza se basa en supuestos falsos o distorsionados? De ser así, habría que admitir que nos equivocamos y repensar la situación o reclasificarla en una categoría más adecuada.

Con una caja para lo blanco y otra para lo negro no hay que pensar mucho. Si algo no era blanco, entonces será negro y viceversa. Es un acto más automático que reflexivo. Más impulsivo que pensante. Más primitivo que racional. Vivir a partir de opuestos atrofia el pensamiento, convierte a las personas en seres con los que no es sencillo dialogar, y menos negociar. Para ellos, les das la razón o les llevas la contraria.

Abandonas y te abandonas

Hace tiempo tuve una paciente con problemas escolares, tenía además un trastorno alimentario y era catalogada por su madre como una rebelde incorregible. Por aquel tiempo tenía 16 años y no quería asistir a una terapia, pero no tenía otra opción ante las amenazas de su madre y la indiferencia de su padre. Finalmente, empecé a ganar su confianza y me reveló las exigencias y presiones de su madre. Entre otras cosas, me di cuenta de que convenía hablar con la señora para que disminuyera sus exigencias y hostilidad, pues eso resultaba contraproducente para ambas. Entonces la conversación se dio más o menos así:

> *—Señora, me doy cuenta de que su hija tiene problemas complejos que vamos a desenmarañar, pero sería de mucha ayuda que usted hiciera algunos cambios que facilitaran este proceso.*
> *—¿Qué quiere que haga?*
> *—Entiendo que su hija tiene un problema alimentario y usted la presiona y vigila para que coma todo y no vomite nada.*
> *—Sí, claro, y aun así quién sabe cómo se las ingenia para hacerlo.*
> *—Bueno, me gustaría que esta semana evite hacer comentario alguno sobre la cantidad de lo que come o sobre levantarse de la mesa para ir al baño. Usted y yo sabemos que quizá no termine la comida y seguramente irá a vomitar al baño, pero por ahora necesito que no la presione en ese sentido.*

—Entonces, ¿me dice que no me debe importar mi hija y dejar que haga lo que le dé la gana?

—No señora, quizá no me expliqué bien, sólo por esta semana quisiera que...

—Por eso, entonces que haga lo que se le dé la gana. Si quiere que coma y si no, pues no. Si quiere, que vomite todo, ¿no? Es lo que usted me pide, que me desentienda de mi hija. Entonces, si no quiere que tampoco vaya a la escuela; total, ya casi tiene el año perdido, pues ya mejor que se dedique a la vagancia. ¿Es su solución?

Podría seguir reproduciendo la conversación con esta señora, pero daríamos vuelta sobre lo mismo. Por el momento no hubo manera de hacerla entender otra cosa que lo que ella entendía. Era todo o nada. Por supuesto, me convertí en el peor de los terapeutas de la tierra y se la llevó al mejor de los centros de atención que pudo encontrar sólo para que, pasados 6 meses, volviera para decirme que aquellos incompetentes no habían podido hacer nada y yo era su única esperanza. Desde luego, por el bien de la menor, cambié mi estrategia terapéutica y prescindí de la cooperación de la madre a fin de ayudarla, a pesar de su entorno familiar. Al paso del tiempo, los resultados fueron favorables para todos.

El ejemplo anterior es una muestra de la rigidez de pensamiento, donde sólo se piensa mediante opuestos. Entonces, si no se puede tener *total* control y vigilancia, se debe abandonarlo *todo*. Es como las dietas: si una semana alguien llevó el régimen adecuado, pero un día comió algo "indebido" dirá: "Ya rompí la dieta, tan bien que iba y ahora ya lo eché *todo* a perder." Acto seguido abandonará *todo* intento de regresar a la dieta, porque es como si tuviera que pagar por su "pecado". Esto no tendría por qué ser así. Si bien es verdad que esa persona comió algo que no debía, puede retomar su dieta y hacerse el propósito de no recaer o hablar con el especialista para informarle que no la puede llevar como se lo indicó. Lo mismo pasa con el ejercicio el día que faltamos al gimnasio o con la lectura cuando no terminamos el libro en la fecha que dijimos. No se trata de ser indulgentes o permisivos con las metas, pero sí flexibles para que no sean *todo o nada*.

Otra forma de complicarte la vida con este tipo de pensamiento es cuando abandonas algo porque no te dan todo. Esto es común con personas que quieren toda la atención para ellas y no permiten que otro las tenga con los demás. Algunas personas reclaman a su pareja por convivir con sus hijos, cuando los hay de una relación previa: "Pues ya mejor vete a vivir con tus hijos, ya nada más eso falta", o: "Para qué me quieres a mí, si ahí están tus hijos que los adoras y de paso tu ex, que se me hace que ya la andas conquistando de nuevo." Es como si amando a los hijos ya no se pudiera amar a una nueva pareja o si una relación cordial con el ex deba desembocar en revivir el romance. Lo mismo puede pasar con la familia, incluso al revés. Padres que absorben a sus hijos o hijas e interfieren con su relación de pareja. Para estas personas no hay términos medios; no reflexionan que quien les ama, también puede amar de otra manera a otras personas y no por eso las aman menos. Esto te hace envidiar lo "bueno" que tienen otros y lo "injusta" que es la vida contigo. Veamos esto de la envidia.

Vives con envidia

Caminaba con unos amigos por la calle y se cruzó en nuestro camino una pareja de ancianos tomados de la mano. Una amiga de nuestro grupo dijo en voz alta:

—Yo quiero un amor así para mi vida.

—¿Un amor cómo? —le pregunté.

—Pues así, como el de esos viejitos, a prueba de todo, y se ve que son muy felices.

—¿Cómo sabes que su amor es a prueba de todo y que son muy felices?

—Pues se les ve. Uno se da cuenta de esas cosas.

—¿Qué tal si se acaban de conocer?

—Bueno, entonces no es a prueba de todo su amor, pero sí son muy felices.

—A lo mejor nada más van agarrados para equilibrarse, pero está bien; pensemos que sí lo son. ¿Sientes que tú no lo eres?

—[Me devuelve una mirada fija] No, la verdad es que ya estoy pensando en el divorcio.

Fantasear que *otros tienen todo* lo que tú no y se la pasan *siempre felices*, disfrutando de la vida *sin ningún problema*, mientras tú vives en un valle de lágrimas donde *todo te sale mal y nadie te comprende*, sólo te hace sentir alguien muy desafortunado. Te produce tristeza y surge la duda de qué harán otros para que les vaya *tan bien* o qué estás haciendo tú para que te vaya *tan mal*. La realidad es que quizá en tu vida hay muchas cosas buenas que puedes rescatar y la vida de los otros es muy parecida a la tuya. Pero, pensando en blanco o negro, sentirás envidia y una sensación de injusticia porque *tú eres bueno* y no te va bien, mientras *mucha gente mala* no recibe su merecido.

Cuando estamos tan atentos a lo que otros tienen, más aún, cuando idealizamos eso como lo perfecto, nos complicamos la vida. A veces pensamos que de verdad hay personas totalmente felices, ¿en qué te beneficia eso? Quizá te preguntes cómo le hicieron o cuál es su secreto. Lo que a ellos los llevó a ese estado, no necesariamente funcionará contigo debido a las circunstancias y personalidad de cada uno. El concepto de felicidad de un masoquista puede ser muy distinto al tuyo, él puede ser muy feliz con algo que a ti probablemente te haga sufrir.

Tus enemigos imaginarios aumentan

Como amigos y enemigos son las únicas categorías posibles, cualquiera puede ser tu amigo o tu enemigo. Recibirás en tu vida con gusto y facilidad a desconocidos, para luego someterlos a tus rígidos estándares que pocos podrán cumplir. Después, los mismos que eran tus amigos, pasarán a engrosar las filas de tus enemigos en cuanto cometan alguna falta y los destierres de tu corazón. Eso, sin duda, augura vivir una vida muy solitaria.

Por si fuera poco, la paranoia se apodera de tu mente y piensas que los enemigos desterrados ahora te odian y están fraguando su venganza. Que seguramente en las reuniones hablan a tus espaldas y cualquier publicación en alguna red social encierra un mensaje subliminal en tu contra. *Todo* lo hacen para mortificarte, ¿no es así?

No aceptas lo inevitable

No aceptar hechos inevitables, como el envejecimiento o la muerte, es algo que nos puede complicar mucho la vida. Bajo el embrujo del pensamiento blanco—negro, vivir siempre será bueno y morir malo, sin importar las circunstancias. Habría que plantearse esto padeciendo una enfermedad terminal llena de dolores insoportables. Se presume también que la juventud es lo deseable y envejecer una tragedia. Entonces se recurrirá a todo tipo de trucos, cirugías o brebajes para evitar los signos de la edad, aunque al final de tanto hacerte, acabes no pareciendo joven ni viejo, sino una especie de personaje plastificado, en el mejor de los casos. Por supuesto, para no hablar de otros cambios, como que los hijos se vayan de casa o un divorcio. Como todo lo que no es bueno es malo, no hace falta imaginar la reacción ante estos acontecimientos.

¿Si ni blanco ni negro, entonces una vida llena de grises?

Nuestras virtudes y nuestros defectos son inseparables, como la fuerza y la materia. Cuando se separan, el hombre no existe.

NICOLA TESLA

Por supuesto, el estilo de pensamiento Blanco—Negro no es algo que yo haya definido o bautizado. Se le llama de varias maneras, pero al final es un término bastante aceptado para definir al pensamiento polarizado del que bastante hemos hablado. Como consecuencia de esta misma idea leí algunas propuestas que dicen: "Ni blanco, ni negro, habiendo toda una escala de grises para elegir." Esta manera de seguir con la metáfora del pensamiento en dos colores "opuestos" no me hace mucha ilusión cuando me imagino una vida en grises. Como tú entiendo la metáfora; combinar blanco y negro suele dar gris y tiene diferentes matices. Curiosamente, el gris no es un color neutro, por si eso busca esta metáfora, sino uno de los catalogados como fríos: entonces, también está sesgado, como todos.

Así que no te sugiero pensar en grises o buscar el término medio exacto o perfecto. De lo que se trata es de integrar el blanco y el negro a nuestras vidas de manera que resulten armoniosos. De integrarlos a nuestra gama de colores, texturas, formas, densidades y dimensiones. Integrarlo todo porque, de alguna manera, todo está naturalmente integrado. Como el cuerpo y la mente, que en algún momento parece que los separamos para entenderlos, pero siempre han estado integrados y no han roto ese vínculo entre ellos. Son parte de nosotros y nosotros parte de un todo. Como el nacimiento y la muerte, que parecen tan opuestos y no son más que parte de un ciclo vital que, para muchos, va más allá del cuerpo físico.

De hecho, como mencioné, enseñamos a los niños a pensar en opuestos para facilitarles la identificación de las partes de un todo, pero deberíamos insistir en *por qué se hace* cuando el niño tenga edad para comprenderlo. O al menos cada uno, al llegar a la edad adulta, debería razonarlo de una vez por todas. Entender que una puerta puede estar abierta o cerrada, o entreabierta o entrecerrada. Que hay diferencia entre cerrar una puerta y "cerrarla bien" o "echarle llave". Entre abrirla y abrirla toda. Que alguien de piel blanca y piel oscura son distintos a la vista, pero no si los vemos como personas. Que algo que no se considera bueno, no tiene por qué ser malo, al igual que lo que no nos parece bonito, no tendríamos que verlo como feo. Que no siempre seremos felices y no por eso debemos estar tristes, al igual que salir de la tristeza no tiene necesariamente que llevarnos al gozo inmediato, sino a un estado de paz interior.

Esto me recuerda una historia de Budismo Zen que escuché alguna vez en una clase de meditación:

> *Existía un hombre muy rico que al mismo tiempo era avaro y mezquino. No soportaba ni siquiera la idea de gastar un centavo de su dinero. Un día, el Maestro Zen Mo Hsin (el silencioso y divino) fue a visitarlo.*
> *El maestro le mostró la mano con el puño cerrado de forma muy apretada y le dijo:*
> *—Suponga que mi puño estuviera cerrado así para siempre,*

desde el nacimiento hasta la muerte, sin cambio; ¿cómo llamaría a esto?...

—Una deformación —respondió el avaro.

Luego el maestro abrió la mano por completo lo más que pudo y mostrándosela a aquel hombre le dijo ahora:

—Suponga que esta mano estuviera abierta así para siempre, desde el nacimiento hasta la muerte, sin cambio; ¿cómo llamaría ahora a esto?...

—Eso también sería una deformidad —contestó de nuevo el hombre.

—Entonces sólo necesita usted comprender lo que acabamos de conversar, para que se convierta en una persona rica y feliz.

A veces ayuda tener la mano bien cerrada y otras bien abierta, esos estados son útiles mientras duran así: abiertos o cerrados, después la mano debe relajarse y adoptar la postura que sea conveniente para cada momento. Igual nuestro pensamiento.

¿Y tú cómo estás?

Prefiero ser un individuo completo
que una persona buena.
CARL GUSTAV JUNG

Hablemos finalmente de polarizarte a ti mismo, de mirarte como bueno o malo sin matices. Seguramente hay cosas de ti que te gustan y otras que no. Si sólo puedes ver en ti cosas positivas y ninguna negativa, quizá estés comportándote como narcisista. Si te tiras al drama de sólo ver lo negativo, probablemente puedas parecer una persona depresiva. Si te percibes en blanco o negro no vas a combinar en muchos escenarios.

Tu cuerpo y tu mente residen en ese conjunto que puedes llamar "Yo". No están separados, funcionan en conjunto y ese es otro problema de la polarización. Cuando queremos reprimir las emociones como si fueran algo malo y no queremos mostrarnos débiles, impulsivos o con miedo, muestras una cara que no corresponde con lo que sientes y dices unas cosas cuando realmente te gustaría decir lo que verdaderamente piensas. Algo que ayuda es aprender a comunicarnos más y a esconder menos, pero eso será complicado si estamos ansiosos, con miedo o tratando de ocultar lo "malo" que hay en nosotros.

¿Qué pasaría si pudieras relajar un poco tu pensamiento y dejaras que se integrara ahora con el resto de lo que tú eres? Digamos que sería una aproximación a un "Yo" más auténtico. Quizá hasta podría convertirse en un "Yo ideal". Eso sólo tú lo puedes saber.

Propongo que hagamos un breve ejercicio, no el que suelo dejar al final de cada capítulo; ése vendrá después y será de otra naturaleza. Éste digamos que es más integrador y el otro para practicar un poco lo que vimos. Éste puede parecerte algo distinto a los otros y en realidad lo es. No se trata de que te concentres y mucho menos de poner la mente en blanco, eso no tiene sentido. Es algo más sutil como el fluir de la vida.

Un breve ejercicio de relajación e integración

Busca un espacio relativamente tranquilo donde estés contigo mismo un rato. Quizá tres minutos, pero podrías llevarlo hasta cinco si lo deseas. O podrías no tomar el tiempo y simplemente disfrutarlo. Eso dependerá de ti y de tu estilo de hacer las cosas. Vamos, pues.

- Siéntate preferentemente en una silla donde puedas poner los pies en el piso y tu espalda firmemente recargada en el respaldo.

Puedes poner el libro frente a ti para seguir leyendo, aprenderte los pasos antes de hacerlo o grabar el texto con tu propia voz y escucharlo mientras lo haces. No es importante cómo decidas hacerlo, sino que lo hagamos.

- Lleva tus manos a tus muslos y deja que reposen ahí. No es necesario que hagas nada más con ellas, sólo déjalas estar sobre tus muslos si te resulta cómodo.
- Ahora respira profundo y cierra o entrecierra tus ojos. No necesitamos que haya silencio absoluto, porque todos los sonidos vienen del exterior y lo del exterior por ahora no nos interesa, al menos en estos minutos. Deja que todo lo que pasa afuera se quede ahí.
- Puedes respirar profundo otra vez si lo deseas. Ahora presta atención a tu cuerpo y libera cualquier sensación de incomodidad que no te sea útil en este momento. Haz cualquier ajuste necesario a tu cuerpo para que se sienta más cómodo. Mantente así por unos segundos.
- Seguramente por tu cabeza pasan pensamientos y es normal. Son pensamientos de cosas que debes hacer o hiciste, quizá alguna sensación, alguna comezón, incluso una voz que te pregunta para qué haces esto. No rechaces nada y no sigas ningún pensamiento en particular; ellos están ahí y todos son parte tuya. Algunos te pueden parecer malos, como cuando recuerdas algo de lo que te arrepientes, y otros buenos, como cuando recuerdas algo por lo que te sentiste orgulloso o aliviado. No rechaces ninguno ni te apegues a otro. Todas son vivencias por las que pasaste en algún momento. Sólo nota esos pensamientos y esas cosas que te dices mientras piensas qué es lo que menos te gusta de ti. No me refiero a algo de tu cuerpo, sino de tu personalidad. ¿Qué es lo que menos te gusta? No lo rechaces, sólo observa lo que sientes y ponlo a un

lado por un momento. No hagas una larga lista, piensa sólo en 3 o 4 cosas. Imagina que lo pones a tu izquierda, derecha, arriba, abajo, enfrente o detrás de ti. Es indistinto. Sólo mantenlas ahí en lo que continuamos.

- Ahora toma otra respiración y deja que tu cuerpo se reacomode en la silla. Piensa ahora qué es lo que más te gusta de ti, de tu manera de ser. No tienen que ser muchas cosas tampoco, quizá 3 o 4 que más te gustan de tu personalidad. Podría darte algunos ejemplos, pero prefiero no hacerlo para que tú reconozcas libremente esas cualidades que te gustan de ti, que puedes tener hacia ti o hacia otros, lo importante es que te guste tenerlas. Imagina que las pones en otro lado distinto adonde pusiste las anteriores.
- Ya estamos por terminar. Ahora te pido imaginar las que pusiste en un lugar y no te gustan y al mismo tiempo las que sí te gustan y pusiste en otro lugar. Quiero que imagines ahora que pueden mirarse todos esos elementos juntos. Quizá los que te gustan se sientan superiores a los que no te gustan y los que no te gustan sientan vergüenza y no quieran mirar a los que te gustan, pero todas esas cualidades son tuyas. A unas las llamas virtudes y a otras defectos. Eso lo hacemos para distinguirlas, pero en realidad no las describen. No voy a pedirte que pienses en lo bueno de lo malo o lo malo de lo bueno. Podrías hacerlo, claro, pero no es necesario porque lo que buscamos es integrar estas cualidades.
- Ahora, deja que se acerquen, que se reconozcan inicialmente y después que piensen en la posibilidad de integrarse, de volver a tu interior pero de manera reconciliada. Sé que aún las ves como "buenas" y "malas", es natural, pero intenta verlas como parte de un todo. Quizá sólo haya que hacer ajustes. Quizá unas pueden ayudar a las otras y todas matizarse. No hay emociones negativas, todas tienen una utilidad y a veces el miedo o

la ansiedad nos hacen actuar de maneras que no queremos. Justo por eso estamos buscando que ahora estés en tranquilidad, ¿lo ves? Si logras desacelerar las emociones, se nivelan, las cualidades que te gustan y las que no, se equilibran y se hacen menos extremas, más balanceadas. Sólo un momento más de tranquilidad. No tienes que lograr una total integración hoy mismo. Este ejercicio lo puedes repetir en distintas ocasiones, si hoy se miraron, se acercaron o se comunicaron de algún modo, es suficiente. Incluso si sólo cerraste los ojos y respiraste profundo es ya un buen inicio, no hay que apresurarse ni detenerse, nada más deja que esto fluya en ti.

- Cuando sientas que es el momento, vuelve a respirar profundo, empieza a mover suavemente tu cuerpo y luego estírate como si acabaras de levantarte. Abre bien tus ojos y luego ponte de pie. Muy bien. Vuelve ahora a lo que estabas haciendo. Hemos hecho un trabajo interesante aquí.

Este ejercicio lo puedes hacer varias veces. No tienes que hacerlo diariamente, pero al menos cada tercer día no estaría nada mal. No busco con él un propósito definido, sino que adquieras el hábito de dejar que eso que llamas virtudes y defectos se reconozcan como parte de un todo que eres tú. No busco que ninguno desaparezca o domine, sólo que se equilibren para que te sean de más ayuda cuando los necesites.

No huyas de los extremos, ni te enamores del centro

Parece contradictorio lo que acabo de escribir, porque me la he pasado diciendo que el pensamiento polarizado, blanco—negro, no es de mucha ayuda. Pero también recordarás que por ahí ya dejé asomarse a la idea de que afirmar esto categóricamente es también algo muy radical. Los extremos tienen sus virtudes y los medios sus defectos. "Habría que pensar en ser moderados hasta con la moderación", escuché decir alguna vez a alguien.

A veces hay que pasar por los polos para dar la vuelta al mundo y otras veces convendrá hacerlo por el ecuador. Eso depende dónde estés y hacia dónde vayas. No hay que evitar algo sólo por evitarlo ni apegarse demasiado a algo porque es "bueno". La vida es cambiante y para cada circunstancia y momento hay métodos. Veamos un ejemplo de esto que recuerdo de una sesión de terapia.

> *Hace tiempo una persona me buscó porque quería saber si podía ayudarlo con un "defecto" que tenía. Esa persona bebía alcohol en exceso y eso le estaba ocasionando problemas con su familia y en su trabajo. Había probado algunos métodos, unos más radicales que otros, pero ninguno lo había hecho mantenerse fuera de la bebida.*
>
> *—¿Entonces, cómo quiere que lo ayude? —pregunté.*
>
> *—Quiero que me ayude a dejar de beber.*
>
> *—¿En verdad quiere dejar de beber?*
>
> *—Necesito hacerlo.*
>
> *—Sé que lo necesita, ¿pero quiere dejarlo?*
>
> *—[Lo pensó un momento] No, me dijo, en realidad no quiero pero tengo que hacerlo por mi familia y por mi bien.*
>
> *—Entonces, si usted no quiere no puedo ayudarlo a dejar de beber. Necesito que no sólo sea necesario para usted, sino que además quiera hacerlo realmente. ¿Por qué vino a buscarme?*
>
> *—Mi esposa me puso un ultimátum. Me dijo que si no arreglo esto se va de la casa con los niños.*

—Ya veo, está desesperado entonces.

—Sí, la verdad sí.

—Pero aun así no quiere dejar de beber y eso lo entiendo. Lo ideal sería encontrar algo que sí quiera hacer y además lo saque de este problema. ¿Qué le parece si le ofrezco que juntos busquemos una forma de beber que no le dé problemas?

—¿Cómo? ¿Se puede eso?

—Pienso que sí. Muchas personas beben y no tienen ningún problema con eso. Lo que pasa es que usted está llegando a un extremo en su forma de beber. Hay personas que no beben nunca nada y otros que, como usted, se lo quieren beber todo. Yo no quiero llevarlo al otro extremo porque ni eso es lo que usted quiere ni yo podría lograrlo, pero sí creo que podemos hacer bastante para modificar su forma de beber de manera que no le cause problemas.

—Oiga, eso nunca me lo habían dicho.

—Lo entiendo. Hay muchas propuestas de "todo o nada" que a algunos les funcionan, pero usted ya me contó que pasó por varias y con ninguna tuvo buenos resultados, así que creo que vale la pena probar, pero ahora la pregunta es: ¿está usted interesado en esta propuesta y quiere cambiar su forma de beber hasta un nivel que ya no le dé problemas?

—Sí, claro. Eso sí.

—Bueno, entonces creo que podemos intentarlo. Debemos hablar con su esposa para explicarle este proceso y se entere de nuestra estrategia. Es necesario para evitar que tome decisiones precipitadas en lo que alcanzamos el nivel deseado.

No es mi intención aquí entrar en detalles técnicos de la estrategia terapéutica. En el caso de este paciente resultó muy exitosa. Para hacer la historia corta, con el tiempo dejó por completo la bebida, pero a un ritmo manejable para él y porque al final decidió hacerlo así. En su caso saltar de negro a blanco no era la opción. Al proponerle una variable diferente a un opuesto, su resistencia fue menor y su voluntad de cambio mayor.

Ahora bien, hay personas a las que les funciona abstenerse y otras moderarse. Yo escuché a una persona de las que se abstienen decir, por ejemplo: "Si quieres dejar de fumar lo tienes que hacer de una vez, si no, no funciona." Y pienso que quizá es un método que a esa persona le funcionó, pero también hay personas de tipo más "moderador". Uno dirá: "Deja el cigarro poco a poco", pero eso no le funcionará a una persona que necesite abstenerse para dejarlo. No hay métodos universales ni a la medida, sólo unos que funcionan y otros que no, para algunas personas. Incluso he tenido pacientes para quienes la estrategia es abstenerse, porque ese extremo es funcional para ellos.

Lo que afirmo con lo anterior es que a veces funciona lo blanco, a veces lo negro y a veces otra cosa que poco tiene que ver con estos colores.

¿Qué vimos en este capítulo?

- De niños nos ayuda fragmentar la información e identificar las partes de un todo para comprenderlo. Pero luego, conforme crecemos, aprendemos a integrar las partes en un conjunto. Ni la vida ni las personas son fragmentos o están divididos en pares de opuestos.
- Los extremos no son necesariamente malos, así como los puntos medios no son necesariamente buenos. Cada postura nos acerca o nos aleja a lo que buscamos. Lo que no ayuda es quedarse estático en un punto sin importar las consecuencias de esto. La vida y tus decisiones son dinámicas; recuerda que aunque vivas siempre en el mismo lugar, te mueves todo el tiempo con la rotación de la tierra y el viaje de nuestra galaxia en el espacio.
- Estar entre dos extremos no te obliga a elegir necesariamente un punto medio. Entre el blanco y el negro está el gris, pero siempre puedes elegir un matiz distinto, buscar una gama distinta en la paleta de colores, incluso cambiar de categoría, como veremos en el ejercicio del final.
- Idealizar o satanizar te hará vivir momentos muy intensos de ilusión y decepción. Subir a la montaña rusa de vez en cuando puede ser divertido para algunos. Vivir en una constante montaña rusa emocional, acabará por enfermarnos. La finalidad es mirar a las personas más objetivamente.
- No sólo es el mundo de afuera el que polarizamos, también nuestra propia identidad sufre sus efectos y entonces, si no somos buenos, tendremos por fuerza que ser malos. La tarea es reconocer e integrar el conjunto de todas nuestras cualidades y lo que somos.

Ejercicio: "Un salto de categoría"

Una forma interesante de "aflojar" un poco el pensamiento polarizado es dar un salto de categoría. No tener que elegir entre blanco, negro o su supuesto intermedio, el gris, sino buscar una opción en otra categoría que no necesariamente tenga que ver con los colores. Por ejemplo, se puede decir: "No es que no me gusten el blanco o el negro, es que estoy buscando algo más cálido para esta pared." Entonces no hay que pensar necesariamente en algo gris, sino en algo que la haga más cálida y puede ser pintura, un cuadro, un tapiz, algún recubrimiento texturizado o algún otro elemento decorativo. La solución no estuvo en un color sino en un matiz o una "sensación". Esto no siempre es posible, por supuesto, pero generalmente puede hacerse y vale la pena intentarlo.

Te daré una tabla con algunos renglones para completar. Los tres primeros los hice yo como ejemplo. Los otros tres los dejo para que tú coloques el salto de categoría y el contexto que quieras. Para los siguientes tres, sólo te doy la palabra inicial para que tú coloques su opuesto y todo lo demás, incluyendo la preposición que más te acomode. Los tres finales son para que practiques enteramente por tu cuenta. No te limites a estos renglones, puedes seguir practicando en un cuaderno o libreta. El objetivo es familiarizarte con un salto de categoría cuando te sientas atrapado entre dos extremos y convenga una solución intermedia.

	Palabra		Opuesto		Salto de categoría	Preposición	Contexto
Ni	lista	ni	tonta	sino	algo apática	desde	que su amiga se fue del colegio
Ni	fea	ni	bonita	sino	descoordinada	para	la estética del conjunto

Ni	éxito	ni	fracaso	sino	inesperado	para	lo que estábamos buscando
Ni	contento	ni	enojado	sino		de	
Ni	me opongo	ni	te apoyo	sino		por	
Ni	bueno	ni	malo	sino		para	
Ni	caro	ni		sino			
Ni	aburrido	ni		sino			
Ni	cerca	ni		sino			
Ni		ni		sino			
Ni		ni		sino			
Ni		ni		sino			

Si se te dificulta un poco el ejercicio, abajo te doy algunas pistas para llenar los espacios faltantes en los renglones 4° a 6°, pero ya lo demás corre por tu cuenta.

4° desilusionado — tu comportamiento.

5° respeto tu decisión — que me pareces una persona sensata.

6° inadecuado — lo que necesitamos.

5

SALVANDO AL MUNDO (O CÓMO YA NO HACERTE EL FUERTE)

Tus acciones, así como las acciones de tus semejantes en general, te parecen importantes sólo porque has aprendido a pensar que son importantes.
CARLOS CASTANEDA, *UNA REALIDAD APARTE*

En la vida y desde niños representamos diferentes papeles. A veces la hacemos de malos y otras de buenos. En las familias encontramos a la bonita, al estudioso, al rebelde o a la inquieta. Algunos les llaman etiquetas, especialmente si alguien más las pone, pero a lo que me refiero es a los roles que desempeñamos en la familia o la sociedad. Son formas de ser que adoptamos conforme nos relacionamos con otros. Y no tiene nada de malo contextualizarnos conforme a la época en que vivimos y las circunstancias que pasamos. A veces conviene ser un poco más duro, otras más aguantador y en ocasiones mostrar nuestra vulnerabilidad es lo mejor. Si fuéramos actores de teatro, eso equivaldría a hacerla a veces de Drácula, otras de Hamlet y unas más de Alicia.

Lo que nos complica la vida con esto, es quedarnos estancados en un papel y actuar dentro y fuera del escenario siempre del mismo modo, sin importar la obra y qué papel convenga representar.

Es como desempeñar papeles o roles extremos y creer que realmente eso somos y no podemos ser otra cosa; es como si el actor olvidara que actúa y creyera que de verdad es el personaje que representa, aun cuando el telón ya bajó o la obra ya no esté en escena. Imagina que alguien que hace el papel de vampiro de verdad empezara a creer que lo es. Comenzaría a actuar como se supone que actúan los vampiros, pero ahora más allá de los escenarios y la ficción.

Quedarnos atrapados en roles estáticos es algo que sucede de manera inconsciente pero modifica nuestra personalidad. Hay quien asume el papel de héroe familiar, otros se identifican más con el de víctima y unos más creen que no tienen más remedio que seguir haciéndola de villanos. Ya no poder, ya no querer o ya no saber cómo salir del personaje que un día representamos, es transformarse en él y perder la identidad. Dejas de ser el actor que recupera su propio Yo tras cada función, para convertirte en un ser esclavizado por sus disfraces. Lo que complica más esto, es que normalmente no nos damos cuenta cuándo sucede y entonces sin querer nos "acomodamos" en el sufrimiento, hasta que se hace muy incómodo o evidente.

Entre todas las posibilidades, asumir el papel del "fuerte" de la familia nos puede complicar la vida e indirectamente también a los demás. Vamos a introducirnos a este mundo de fortaleza, que no lo es, para repensar este rol y, si es tu caso, dejes de complicarte la vida.

¿De verdad eres un héroe?

Los comics de Superman son una fábula,
no de fortaleza, sino de desintegración.
David Mamet

"Tengo que ser fuerte". Esta sola frase puede encerrar muchos significados. Cuando es dicha por alguien para sí en un momento de dolor o angustia, sirve para tener algo que sostenga la esperanza o la vida misma. Es claro que en muchas ocasiones necesitamos de una gran fortaleza para salir adelante. Si esta fuerza se acompaña con la determinación, nos hará perseverar a pesar de la adversidad. Y por supuesto no me refiero a una fortaleza física, sino del espíritu o el carácter, de la que se forja a lo largo de la vida con las vivencias, los aprendizajes y las propias adversidades.

Hay otra frase muy parecida a la anterior y que, sin embargo, encierra un significado totalmente distinto por una pequeña variante. Me refiero a la que muchas veces ha sido dicha también, especialmente dentro de un grupo familiar o social estrecho, en momentos de problemas o dolor colectivo. Esta frase, seguro la conoces, dice: "Tengo que ser EL / LA fuerte." Es fácil ver como la estructura misma nos permite visualizar que, de entre varios, quien la dice se siente en la necesidad de tener una fortaleza superior a la del resto.

Pero la frase no es lo que parece, porque muchas veces lo que se dice en realidad es: "Tengo que hacerme el fuerte." Y lo digo porque cada uno tiene su propia fortaleza en la medida que la ha desarrollado. Creer que se es el fuerte implica pensar que los demás no lo son, o lo son menos. Ya hablamos del pensamiento blanco—negro y de cómo para trabajar con los opuestos debemos darnos cuenta de que son parte de un todo, para luego integrarlos a la vida. No se trata de extirpar un extremo, como un cáncer, e idealizar al otro, como si fuera un dios. Esto aplica perfectamente para el dúo "fortaleza—vulnerabilidad". Ya sé que los usamos como opuestos, pero en realidad están integrados. Como dije, todos tenemos cierta fortaleza y todos podemos en algún momento ser heridos o lastimados, especialmente por sucesos dolorosos o traumáticos. ¿A quién no le lastima la muerte de un ser querido o quién no llora con un buen amigo cuando le ha pasado algo terrible?

Quien se dice "no debo llorar" es porque tiene ganas y se siente capaz de hacerlo. Yo no voy por la vida pensando "no debo desplegar mis alas y salir volando" porque eso no es posible, a menos que se trate de una metáfora. Lo mismo pasa con los que se dicen "no debo derrumbarme", "no me deben ver débil" o "debo poder sola". Cada una de estas frases trata de cubrir justamente lo que se teme o se percibe como inminente: derrumbarse, ser débil o no poder. Entonces pensemos que la frase "Debo ser el fuerte", precisamente intenta ocultar una vulnerabilidad: que no se es fuerte, pero se cree con la obligación, el compromiso o la necesidad de serlo por encima de la fortaleza de los demás, la que, insisto, implícitamente se mira o percibe como nula o defectuosa. Entonces, como existe una vulnerabilidad asumida, pero no se quiere reconocer por alguna razón, se oculta tras una máscara de fortaleza que se reviste de una aparente insensibilidad o disociación de emociones, al menos a nivel consciente. Casi como un "yo no tengo que sentir lo que los demás". ¿Qué significa entonces en este contexto "hacerse el fuerte"?

Es tratar de aparentar que no se es afectado, al menos de la misma manera que el resto, por un estado o suceso estresante o doloroso ocurrido en un grupo de personas con el que se tiene un vínculo afectivo. Se ocultan o disfrazan sentimientos y emociones como miedo, angustia, preocupación, confusión, inquietud o la misma incertidumbre. Una persona que se hace la fuerte se identifica porque:

- Siente la responsabilidad de ser él o ella quien saque adelante a los demás.
- Exige a los otros que también sean fuertes o les promete que todo estará bien y ese bienestar estará a cargo de él o ella.

- Pospone sus propias necesidades y emociones para atender las de los demás.
- Rechaza la atención o el descanso argumentando que no es momento para eso y está bien (genuinamente lo cree). Incluso puede negar desgaste o agotamiento.
- Puede tener incidentes con otros que cree que también deberían hacerse responsables, pero no perderá el tiempo si ellos no responden positivamente y se hará cargo de funciones que otros deberían cumplir.
- En vez de distribuir equitativamente responsabilidades, se hará cargo de las de la mayoría, especialmente de los que percibe como desvalidos o débiles (aun sin serlo).
- Tiene la sensación de que si no es él o ella, nadie hará nada y todo se vendrá abajo.
- Como los demás ven que todo lo resuelve bien y "sin gran esfuerzo" (porque eso es lo que aparenta), dejarán que se haga cargo porque así se deslindan o no dimensionan la gravedad de la situación.

Esto es distinto de las personas capacitadas para manejarse en situaciones de crisis, quienes además no suelen involucrarse afectivamente con las víctimas del suceso, y deben hacerse cargo de organizar y poner a salvo a personas afectadas. También es distinto de quienes tienen la habilidad para mantenerse ecuánimes en situaciones de alta demanda psicológica y emocional, como un accidente, un desastre natural o cualquier incidente crítico, aun estando emocionalmente vinculados con los afectados. La distinción principal es que, en ambos casos, estas personas operan eficientemente para ayudar a los demás en momentos de crisis, pero rápidamente buscan que cada uno, dentro de sus posibilidades, se haga cargo de su situación promoviendo la cooperación necesaria de los más habilitados. Al mismo tiempo, no abandonan sus propias necesidades ni se arriesgan irresponsablemente y en cuanto les es posible ellos buscan apoyarse en otros. Este rol funcional y operativo no es permanente ni exclusivo de uno solo.

No todas las personas adoptan un rol de este tipo y eso tiene mucho que ver con que no es tan natural como aprendido. No hacerte cargo de la vida o felicidad de los demás no significa que te desentiendas de ellos. Si esto no tiene sentido para ti, por favor lee o vuelve a leer el capítulo donde hablo de "Blanco o Negro" antes de leer las siguientes páginas.

¿Dónde aprendiste eso?

Cada acto de aprendizaje consciente requiere la voluntad
de sufrir una lesión en la propia autoestima.
Es por ello que los niños pequeños, antes de ser conscientes
de su autoestima, aprenden más fácilmente.
THOMAS SZASZ

No es tan sencillo rastrear el origen de estos aprendizajes. Algunas veces es muy evidente cuando en la infancia, por ser el mayor o más "despierto", nuestros padres nos asignaron de manera muy poco democrática ese rol: "Tienes que cuidar a tus hermanitos", "Pobre de ti si algo les pasa", "Ahora eres el hombrecito/mujercita de la casa" o "Tú eres el ejemplo a seguir", se convierten al paso del tiempo en consignas lapidarias. A veces esto no es tan directo y, con tal de tener un lugar que crees que de otra manera no podrías obtener, interpretas las expectativas de tus padres como una auténtica instrucción de fortaleza. "Mi hija es la mejor y la más noble; a pesar de ser la más chica siempre está atenta y dispuesta a apoyar a sus hermanos cuando la necesitan. Desde niña siempre fue así, mejor que los más grandes que luego son bien egoístas; estoy tan orgulloso de ella..." ¿Qué esperas que suceda con alguien que lleva toda su vida escuchando el mismo mensaje y eso es motivo de orgullo familiar?

Otras veces, sin embargo, esto simplemente se asume como parte de un rol que había que ocupar por una necesidad percibida o una incompetencia manifiesta, ya sea en la infancia por las figuras parentales o en cualquier otro momento de la vida. "Si yo no lo hago, nadie más lo hubiera hecho...", dicen estas personas. Sin embargo, una vez que se hacen cargo de todo, es imposible saber qué habría pasado de no actuar como lo hicieron. Es posible que las cosas no se hubieran dado exactamente igual, eso puede ser verdad, pero el resto habría encontrado otra manera de manejar la crisis de no existir un "Hércules" familiar.

Hay un modo muy peculiar de adquirir este rol, precisamente en momentos de crisis, especialmente cuando hay cierta predisposición a complacer a los demás. Imagina que de pronto una persona con pareja e hijos muere repentinamente. En el momento del velorio y los rituales funerarios muchas personas dirán cosas útiles; otras, lo que sientan la necesidad de decir simplemente porque no se les ocurre otra cosa. Ahí, precisamente ahí, entre todos ellos surge al menos alguna voz que emite la sentencia: "No te puedes venir abajo, ahora menos que nunca, tus hijos te necesitan y tienes que ser fuerte por ellos." Podría decir que dan ganas de torcer el cuello de esas personas si no fuera ilegal, así que no lo diré. Y no quiero dar a entender que su intención sea mala, de ninguna manera. Simplemente pienso que hay formas más afortunadas de dar a entender algo muy similar. Como: "Entiendo que te sientas tan mal ahora, no es para menos. Uno siempre puede darse el permiso de sentir todo el dolor que venga antes de levantarse y hacerse cargo de la vida y de los que dependen de nosotros. Mientras esto pasa, ¿hay algo en lo que creas que puedo ayudarte?" Claro, si se siente que no existe la confianza necesaria o francamente no se está en disposición de ayudar de maneras efectivas, lo mejor sería guardar silencio. ¿O de verdad alguien cree que decirle a alguien "Tienes que ser fuerte", es algo que recibirá una respuesta como "¡Muchas gracias, no se me había ocurrido eso, ya me siento mucho mejor!"?

El peso de la cultura

La consigna de la cultura es ser fuertes en la adversidad para no mostrarnos débiles. Y no quiero decir que esté mal, pero probablemente lo que no ayuda es llevarlo al extremo, o pensar que si no se es fuerte entonces por consiguiente se es débil. A veces hacemos frente a unas situaciones mejor que a otras y, sin duda, hay circunstancias que nos rebasan. Por desgracia, ya desde la escuela demostrar miedo es motivo de burla o estigmatización y muchas bromas que los niños gastan a sus pares tienen que ver con asustarlos para mofarse de sus reacciones. ¿Dónde habrán aprendido esto?

Por eso en un capítulo anterior me referí a lo importante que es para nuestra cultura mostrar el lado humano de los héroes, súper héroes e incluso de los ciudadanos cuando hacen un acto heroico. Para mí tiene un valor distinto ser ayudado por alguien a quien mi situación despertó una genuina empatía y no por alguien que sintió que "era su deber" (obviamente no me refiero aquí a servidores públicos cuyo deber es ayudar). Un valiente no es el que nunca sintió miedo, sino el que sintiéndolo, es capaz de afrontarlo porque así lo decide.

Hagamos un breve ejercicio:

Escribe tu concepto de “Ser fuerte en la adversidad”. Sé tan detallado como te sea posible:

____

____

____

____

____

Ahora escribe tres ejemplos de acciones, conductas o actitudes que una persona “fuerte” tenga en un momento de adversidad:

1. ______________________________________
2. ______________________________________
3. ______________________________________

Finalmente, escribe tres ejemplos de acciones, conductas o actitudes que a tu juicio debilitan a una persona “fuerte”:

1. ______________________________________
2. ______________________________________
3. ______________________________________

Pide a otros miembros de tu familia hacer lo mismo. Si no puedes o quieres hacerlo con tu familia, hazlo con amigos, compañeros o conocidos. Finalmente comparen sus respuestas y sus ejemplos. Es natural que encuentren diferencias y coincidencias. No se trata de crear consenso o ver quién da la respuesta más acertada o tiene la razón. Al contrario, la idea es observar la diversidad de opiniones y creencias que alrededor de este concepto tan abstracto pueden tenerse a pesar de estar moldeados por la misma cultura.

La fortaleza no es algo que deba obligarse a salir o mantenerse siempre a tope; pienso que es una cualidad que todos tenemos y nos conviene utilizar cuando es necesaria, se puede desarrollar como una habilidad, pero no exige nuestro sacrificio como pago de ese don.

Si yo caigo, Atenas cae

Los antiguos héroes griegos eran capaces de enfrentarse a los dioses y al destino con tal de realizar su misión. La historia de todos ellos encierra algo de verdad, pero está aderezada con míticas exageraciones acerca de sus cualidades, valor y fuerza.

Estos héroes sabían que eran la esperanza de otros para derrotar a cuanta calamidad surgiera de la imaginación de las víctimas. Desde luego, aquellos gloriosos superhombres no podían impedir un terremoto o un huracán, ni volver a la vida a nadie. Se dice que los Dioses del Olimpo sí podían hacer eso, pero ellos no existieron como tal y las Moiras, representantes del "destino", para algunos eran más poderosas que el mismísimo Zeus.

Seguramente algunos de esos héroes sostenían la creencia de que el resto de los antiguos griegos: "Se hundirían si no existieran" y vivían así rescatándolos sin descanso o haciéndolos sentirse protegidos bajo el manto de su fuerza y valor. Pero nosotros no vivimos en aquellos tiempos mitológicos y la verdad es que somos bastante más normalitos que esos superhéroes de antaño. Mantener hoy la creencia de que "si yo me vengo abajo, los demás también", evoca un poco el narcisismo de los héroes mencionados.

En una ocasión acudió a verme a terapia una mujer cuya madre acababa de morir. Ella era divorciada y con 3 hijos adolescentes. Tenía algunos hermanos y hermanas; todos adultos, algunos con pareja e hijos y vidas bastante normales. Ella empezó a cuidar a su padre (de unos 70 años) que tenía afecciones de salud propias de su edad, pero nada más, y trabajaba por su cuenta en un pequeño negocio familiar. También buscaba resolver algunos asuntos familiares, unos bastante añejos y otros derivados de la propia muerte de su mamá.

—No me puedo venir abajo —me decía.

—No, claro que no. Por cierto, ¿qué es para ti eso de "venirse abajo"?

—Pues rendirme, bajar los brazos ahora que mi madre se ha ido.

—No claro, rendirte no es buena idea, por supuesto, pero eso de tener los brazos arriba todo el tiempo, ¿no es un tanto cansado?

—Eso no importa, tengo que soportarlo.

—¿Por qué?

—Pues porque nadie más lo va a hacer.

—¿Hacer qué?

—Mi padre ya es un hombre anciano y mis hermanos no dan una. Tengo que sacarlo de trabajar para que disfrute de la vida. Además, toda la familia está hecha un relajo.

—¿Tu papá quiere dejar de trabajar?

—Ya no está en edad.

—¿O sea no te importa lo que él quiere?

—Pues claro. Por eso busco su bienestar.

—¿Te ha dicho que quiere dejar de trabajar?

—No. Pero eso nunca me lo va a decir. Lo conozco. Es muy orgulloso.

—¿Cómo sabes que si no te lo dice es por orgullo y no porque realmente lo hace feliz seguir trabajando?

—Ya te dije, lo conozco bien.

—Sí, eso me dijiste. Oye, y eso de que tu familia está hecha un relajo ¿qué significa?

—Que mis hermanos son un caos. Tienen sus vidas patas para arriba y ahora que mi mamá se murió urge arreglar muchos asuntos familiares de propiedades y otras cosas. Ya luego hablaré con cada uno porque te digo que se traen cada cosa entre las parejas y los hijos que para qué te cuento.

—¿Cuándo te pidieron ayuda con todo eso?

—¿Cómo?

—Sí, ¿en qué momento te pidieron que te hicieras cargo de los asuntos familiares y de arreglar sus vidas?

—Te acabo de decir que si no lo hago, nadie hará nada.

—¿Tan inútiles los consideras a todos? ¡Cuánta soberbia! Vamos a imaginar algo. Imagina que mañana te mueres. ¿Qué crees que pasaría con tu papá, tus hermanos, incluso con tus propios hijos? ¿Qué crees que harían con todo ese relajo sin ti?

—No quiero ni pensarlo.

—Por eso, vamos a pensarlo. Imaginarlo de verdad.

—[Guardó silencio por un momento] Pues supongo que algo tendrían que hacer.

—¡Exacto! No sé si lo mismo que tú, pero definitivamente algo harían. Tan indispensable como para arreglar la vida familiar me parece que no eres, aunque aun así creo que puedes ser de mucha ayuda si empiezas a hacer las cosas de manera algo distinta a como las tienes pensadas.

Si Atenas cae es porque, de todos modos, iba a caer tarde o temprano con, sin y a pesar de tu intervención. ¿O de verdad crees que puedes sostener sobre tus hombros la vida, seguridad y felicidad de todos los tuyos?

Irresponsablemente responsable

Alguien me puede pedir que cuide a su perro por un momento. Eso no representa un problema; me gustan los perros y es un momento. Acepto hacerlo y lo hago con gusto. Ahora supongamos que 20 personas me piden que cuide a 40 perros durante 10 años. Eso no lo voy a hacer. ¿Por qué? ¿Porque eso sería un abuso? Yo no lo veo así, ellos sólo estarían pidiendo, no obligándome. ¿Sería una locura de mi parte si acepto? Eso depende si tengo los recursos necesarios para tal tarea. Ahora imagina que tú estás en esa situación. Pensarías en aceptar o no aceptar. Y si decides que no, ¿por qué no aceptarías? ¿Porque no son TUS perros? ¿Hay alguna diferencia de quién sean para tomar esa decisión? Te voy a decir por qué no aceptaría yo; porque no me puedo permitir ser tan irresponsable.

Hacerte responsable de algo que rebasa tus capacidades para hacerlo de manera eficiente, segura y digna es una gran irresponsabilidad. Es lo que llamo ser *"Irresponsablemente responsable"*. De ninguna manera podría asumir la responsabilidad de esos perritos; no podría cuidarlos adecuadamente. ¿Y si fuera una emergencia como un desastre natural? Por supuesto que haría algo por rescatarlos, buscar cómo alimentarlos y curar sus heridas, pero eso lo haría temporalmente, mientras busco a sus dueños o la manera de colocarlos en un nuevo hogar mediante adopción o localizo algún refugio o institución que pueda ayudarme con esto.

Uno puede hacerse responsable de un niño pequeño o de una persona enferma, pero hasta cierto punto y buscando que se hagan cargo de lo que sea posible a la mayor brevedad. Una persona también puede y debe colaborar en sus propios cuidados, dentro de sus circunstancias.

¿Se vale rendirse?

Rescatamos cada vez que nos hacemos cargo de las responsabilidades de otro ser humano, de los pensamientos, los sentimientos, las decisiones, la conducta, el crecimiento, el bienestar, los problemas o el destino de otra persona.

MELODY BEATTIE

Cada vez escucho a más personas hacerse esta pregunta. Hoy vivimos en una cultura llena de frases, memes y mensajes que leemos por aquí y por allá y que sin duda conforman parte de nuestro pensamiento y de nuestra cultura, nos guste o no. Mensajes del tipo: "Se vale llorar, pero no rendirse", "Prohibido rendirse" o "Detenerse nunca, avanzar siempre y rendirse jamás" (ya quiero ver la aplicación de esta última frase cuando estás al borde de un acantilado). ¿Se vale cansarse, llorar, rendirse? Si no "se vale", de todos modos sucede. También se dice "El fracaso no es opción", pero a veces las cosas no van a salir como queremos y es mejor asumir pérdidas para replegarse y recalcular que ponerse necio con la vida. Incluso una vez un alumno que tuve me dijo: "Yo me quiebro, pero no me doblo." Yo le respondí: "¿Quebrado para qué sirves?" Aquellos que quieren evitar el fracaso a toda costa son los más débiles de los débiles y es precisamente lo que transmiten con estas frases. ¿Por qué sostengo esto? Porque cuando sabes que el fracaso es parte de la vida, sabes que siempre se puede hacer algo para levantarnos y buscar nuevamente el éxito; esto sólo viene de la mano de una gran fortaleza interior. Cuando te percibes débil haces lo que sea por evitar caerte, incluso prohibirlo, porque sientes que si eso sucede, jamás podrás levantarte. Las personas con fortaleza, no los que se hacen los fuertes, saben que *el fracaso es un hecho reversible* cuando se levantan y hacen ajustes en el camino.

"¿Se vale rendirse?", no deja de ser una pregunta un tanto retórica. ¿Quién puede decir si es válido o no? ¿Quién tiene la autoridad para decir "No te rindas" en una forma tan impositiva y tajante? ¿Será que se busca una especie de validación o que mucha gente en verdad se motiva con esto?

Dejar de ser el fuerte, el héroe o irresponsablemente responsable no es rendirse: es asumir nuestra condición humana y reconocer que a veces necesitamos descanso, comprensión, apoyo. Exactamente lo mismo que pretendemos ofrecer a los demás. Cuando se hace uno el fuerte se vuelve uno un poco "candil de la calle". Se ofrece ayuda a otros y no se la procura uno a sí mismo. Lo que se argumenta es "yo no necesito nada", "yo no me canso", "yo estoy bien". Y está bien decir esto cuando es verdad, pero no como forma de ocultar tu humanidad. No, no se trata de rendirse o de insistir a cualquier precio; se trata de recordar que no eres sólo uno, sino uno más y cada cual es capaz de hacerse cargo de lo que surja dentro de su propia vida.

No es que algo "se valga" o "no se valga". Pensar así es como si hubiera una especie de reglas invisibles e imposibles en un macabro juego de la vida. Como si decir "ya no puedo" violara alguna ley divina. No debemos olvidar que esas reglas son nuestras, las reglas de la cultura que inventamos y entretejimos y luego dejamos de cuestionar. ¿A quién le preguntas si vale rendirse? ¿A la humanidad entera? ¿Qué sabe la humanidad de tu vida, de lo que sientes y quieres? Por cierto, sabiéndolo tú, ¿qué haces con eso? Deja de buscar validación y usa tu fortaleza de manera adecuada. Claro que es posible hacer todo lo que haces y aún más por los demás, pero a veces debemos detenernos un poco y reflexionar si todo lo que se puede se debe. No se trata de agotar tus capacidades hasta la extenuación, sino de mantenerlas más bien constantes y dirigidas para que duren lo mismo que la vida.

Del egoísmo a tu necesidad de control

Muchas personas se sienten egoístas cuando piensan en ellas primero que en los demás. Por supuesto que está el otro extremo de los que dicen: "Primero yo, luego yo, después yo y al final yo." Pero ya vimos que vivir y pensar en los extremos nos complica mucho la vida. Yo abogaría más por lo que llamo un "egoísmo inteligente" que diría algo como esto:

Que yo esté bien para que los demás estén bien
y entonces yo pueda seguir bien

Si yo no estoy bien, pero los que amo sí, ellos dejarán de estar bien al saber que yo no. Por otro lado, si yo estoy bien y los que amo no, entonces yo dejaré de estar bien por este hecho. En cambio, si todos estamos bien podremos seguir bien, aunque a veces las cosas no estén tan bien. Y estaremos bien porque estaremos juntos, haciéndonos cargo de lo que nos corresponda y apoyándonos de manera recíproca.

Entiendo que si dejas de hacerte irresponsablemente responsable algunos te lo van a reprochar. Es natural, porque ya los tenías acostumbrados a ser tú el que organice, dirija, ejecute, resuelva, aconseje, provea o se sacrifique. Incluso quizá tú has contribuido a esto, volviendo a los demás un tanto inútiles o inoperantes. Imagina que por amor a un hijo o hija no lo dejaras nunca caminar, comer y tomar decisiones por sí mismo. Crecería como un ser atrofiado e infeliz, además de genuinamente dependiente de ti. De hecho cuando se es un padre así, que sobreprotege y no permite que los hijos experimenten dificultades, desilusiones o frustraciones, se utiliza el nombre de "padre helicóptero". Son padres híper preocupados, híper responsables e híper destructivos.

Generan exactamente el efecto opuesto al que buscan. Dañan la autoestima y crían hijos sin tolerancia a la frustración. En este caso, la culpa es el motor que los mueve a estas conductas nocivas. ¿Estaré siendo un buen padre?, se preguntan y una voz interior les responde "aún no lo suficiente". Y una vez más considero conveniente recordar lo que vimos en el capítulo anterior. El que no seas un "padre helicóptero" no significa que debas desentenderte de los cuidados elementales y necesarios de un hijo. Lo mismo puede pasar con otros adultos; el amor y los cuidados cuando se prodigan sin responsabilidad, pueden hacer mucho daño. Recordemos que no porque algo se haga "en nombre del amor", acabará por ser bueno. *No siempre lo que puedes dar es lo que necesitan los demás*; a veces otorgarles autonomía y libertad acaba por ser la mejor ayuda.

Finalmente debo hablar de los que se hacen los fuertes no por una supuesta creencia de que hay que serlo, sino por una gran ansiedad que los mueve a controlar y hacerse cargo de lo que debería repartirse entre varios. A veces hacerse cargo de las tareas de los demás permite controlar la manera en que se hacen. "Para que esté bien hecho", se dicen, cuando lo que quieren decir es: "Para que se haga a mi modo" o incluso para asegurarse que se hace del todo. Ya dije que hacerse cargo de los demás es minimizarlos de alguna manera y colocarse en una posición de superioridad o de héroe.

El remedio: fuerte y vulnerable a la vez

Tener fortaleza no es lo mismo que hacerse el fuerte, al igual que ser víctima de algo no es igual a hacerse la víctima. Entonces la tarea es dejar de hacerte el fuerte para desarrollar verdadera fortaleza, algo muy distinto. La fortaleza que buscamos no es cargar sobre tus hombros el destino de la humanidad; eso ya lo han hecho otros a lo largo de la historia y sin mucho éxito, por cierto. No se trata de sobrevivir abnegada o estoicamente ante la adversidad, soportar las cargas de la vida porque "es nuestro destino", sino hacerse cargo de la adversidad sin abandonar a los demás.

Tener fortaleza significa confiar en ti cuando lo necesites porque no permites que toda tu energía se drene y tus necesidades elementales están cubiertas. No niegas tu cansancio, dolor o miedo porque hacerlo te aleja de tu propia humanidad y sin ella no puedes ser empático y comprender a un nivel profundo el sentir de otros que sufren. Yo no confiaría mi vida a alguien que siempre me dice que está bien, que no pasa nada y no está cansado ni tiene miedo. Sería como confiarme a una máquina que quizá me ayude a resolver algunos problemas, pero nunca conflictos humanos como angustia y soledad profundas. Tu fortaleza más grande es tu propia humanidad que te hará sentirte más cerca de los que amas. No ser tú por ser un súper héroe o un semidiós es precisamente alejarte de quienes amas.

Un motivador norteamericano del siglo pasado, Zig Ziglar, sostenía: "Cuando eres duro contigo, la vida te será infinitamente más fácil." No creo estar de acuerdo con esto y conste que no afirmo que si no eres duro, entonces por fuerza eres blando. Tener fortaleza no es ser duro, sino adecuado. Lo duro se siente duro; lo adecuado, adecuado. Si masticas algo duro te puedes lastimar; si es muy blando quizá se te escurra o diluya rápidamente en la boca. La consistencia adecuada te hace disfrutar más lo mismo y no por eso no te nutre. La postura de Ziglar no es nada nuevo. No hagas el siguiente experimento, sólo imagínalo teniendo en mente la frase de Ziglar. Imagina que debes recorrer un camino y para hacerlo sobre tus hombros colocas un bulto de cemento de 50 kilos, que atas a tus piernas unos ladrillos pesados y además le pides a alguien que mientras avanzas te vaya insultando y a otro que cuando vea que flaqueas te golpee con un látigo. A todo esto agrégale las condiciones del terreno por donde caminas, el clima del momento y tu propio peso corporal. ¿Al tratarte con esa dureza, cómo recorrerías el camino? Ahora imagina que quitas el bulto de cemento, los ladrillos y las personas que te "ayudaban" se marchan. Seguramente el camino te parecerá mucho más fácil, ¿no es así? Pero el camino no es en realidad más fácil o difícil de lo que originalmente era, sólo te lo parece por la manera en que te trataste antes. Entonces, quizá lo mejor sea dejar de buscar vidas duras o "infinitamente más fáciles". Nada es infinito por definición. Busquemos entonces caminos más normales, sin necesidad de complicarnos la vida.

En vez de probar nuestra fuerza, por qué no asumir primero nuestra vulnerabilidad antes de declarar nuestra fortaleza. Esto puede no ser sencillo para muchos porque para eso se requiere un componente esencial: humildad. El héroe verdadero no se posa en lo alto de un edificio vigilando la ciudad para salvarla de todos sus males. Un héroe, alguien con verdadera fortaleza, acepta con humildad su condición humana y la ayuda de sus semejantes. La soberbia es la que te hace decir: "Yo estoy bien, no necesito nada." Pero imaginemos por un momento que verdaderamente pudieras tener éxito en tu misión de rescatar, cargar o ayudar a todos los tuyos. Imagina que lo lograste y ahora, gracias a tu "irremplazable" intervención cada uno ha tomado su propio camino (¿o qué esperabas, que siempre dependieran de ti?). "Metrópolis" está libre del mal, todos sus habitantes se hacen cargo de sus vidas y ya nadie necesita a Superman. Ya no necesitan héroes. ¿Qué vas a hacer ahora de tu vida? Estamos ahora tan lejos de los humanos y el planeta Kriptón ha sido destruido. No hay a dónde ir. Probablemente por eso prefiero más a Batman. Salva vidas, pero también procura su bienestar. Ama, odia y tiene pesadillas. Busca respuestas, a veces justicia. No tiene súper poderes. Nos es más cercano porque siente como nosotros; es uno de nosotros dentro de su contexto, aparte del rol que le corresponda desempeñar a cada momento.

Ya sé que nunca esperaste un monumento ni recompensa alguna, pero qué bien haría ser uno más de todos aquellos que hoy son libres y se ocupan de sus vidas. ¿Ingratos por no venir a buscarte? Para nada. Siempre les hiciste ver que estabas bien y probablemente sigan pensando lo mismo. ¿Para qué rescatarte si tú lo puedes todo? ¿Para qué llamarte si ya no te necesitan? El orden y el control ya no están en tus manos. ¿Qué te quedará entonces?

Un mensaje personal para cada extremo

Finalmente, para terminar este capítulo, dejo un mensaje a quienes se hacen los fuertes y viven del otro lado, permitiendo, quizá sin saberlo, que sea uno el que lleve todo el peso.

Si te has identificado como alguien que se hace el fuerte, o siente la necesidad u obligación de hacerse el fuerte para que otros estén bien, cuida al menos no abandonar tus necesidades más elementales: tu necesidad de descansar, estar en paz y ser ayudado como los demás. Pero especialmente pregúntate si cubres tu necesidad de ser escuchado o escuchada. Un hábito muy común de las personas que se hacen las fuertes es callar su cansancio, incluso negarlo. Al menos haz saber a los demás que algo ya te rebasó y de alguna manera necesitarás ayuda cuanto antes. No se trata de que ya no hagas nada, la idea es que cada uno, así sean dos, colaboren para hacer de la vida de ambos algo más equilibrado. Recuerda que quien está enfermo puede contribuir facilitando esos cuidados al otro. Esta idea me lleva a un comentario final para ti: permite la ayuda. Como dije, cuando desempeñas mucho tiempo este rol, hay necesidad de control en tu conducta y no pocas veces la ayuda no se acepta por no ser la adecuada. Porque la manera de ayudar de los demás te parece insuficiente o no es exactamente como tú la quieres. Por doloroso que sea, es muy seductora la idea de ser el héroe de la historia. Es aquí donde una vez más hace su aparición la humildad como fortaleza. No la humildad del que nada pide, sino del que acepta que necesita ayuda. Si vas por la vida pensando para qué cuentas algo a los demás si no pueden ayudarte y nada más los mortificas, piensa que eres un juez soberbio que los arroja a un pozo de desprecio. Recuerda que no eres un espejo que sólo refleja las necesidades de otros. No eres la mitad o un fragmento de alguien, eres, como todos, una persona completa.

Pero si no es tu caso, pregúntate si en tu familia alguien desempeña este rol. Es muy fácil que pase inadvertido porque no deja ver lo duro que le resulta ser así y el resto no se da cuenta. Desde afuera a muchos les podría parecer que a una familia le resulta muy cómodo ser así y dejar que uno sólo sea el que se haga cargo de llevar el peso de un duelo, problemas financieros o los cuidados de un enfermo. La realidad es que no dimensionan lo que calla, siente y sufre en silencio esa persona. Ya sé que quizá tienes un hermano que todo lo resuelve si levantas el teléfono y le pides algo, pero él ¿cómo se siente? ¿Qué le pasa a él? ¿Qué no cuenta porque no lo cree importante? No es fácil, pero busca acercarte, perseverar y desarrollar la manera y actitud de escuchar para que el otro hable.

¿Qué vimos en este capítulo?

- Muchos héroes de cómics usan disfraces y dejan de ser ellos para convertirse en ese personaje de ficción. Eso divide y desgarra la identidad. Ser tú implica no ser héroe, víctima o villano, sino persona completa. Todos tenemos un poco de cada cosa.
- No es lo mismo tener fortaleza que "hacerse el fuerte". La primera es interior, lo segundo es sólo una capa que oculta nuestra vulnerabilidad.
- La cultura y la sociedad afirman que *la perfección* y *la fuerza* son valores positivos que ayudan a la humanidad y a la vulnerabilidad. Todos esos componentes forman parte de un todo que eres tú.
- Llevar al límite tus capacidades, descuidarte y cargar sobre tus hombros el peso de una familia es una gran irresponsabilidad. Es lo que llamo ser irresponsablemente responsable.
- Hacerte el fuerte por proteger a los demás envía un mensaje claro. Tú te sientes superior y ellos son defectuosos. Sobreproteger a los tuyos les impide crecer, aprender y hacerse cargo de su vida: obstruyes cuando parece que ayudas.
- Quienes le tienen miedo al fracaso te prohibirán rendirte. Son los más frágiles de todos los frágiles; piensan que si caen, nunca podrán levantarse. Lo que sea que se llame fracaso es reversible, porque siempre puedes volver a levantarte.

Ejercicio sugerido: reintegración a través del cuerpo

Para lo que voy a proponer necesitas un cepillo corporal. Sería estupendo que fuera de cerda natural. Los hay cortos y de mango largo y los encuentras donde venden artículos para el cuidado personal. También por internet a precios razonables. Puede ser cómodo que este ejercicio lo hagas en el baño de tu casa, quizá en el espacio de la regadera o en una silla que llevas para ese propósito. Aun así, el cepillado que sugiero se hace con la piel seca, no húmeda.

- Desnuda tu cuerpo por completo.
- Cepilla tu cuerpo gentilmente. Cualquier parte que cepilles, hazlo siempre en dirección al corazón. Hazlo en una sola dirección, no de "arriba a abajo" por así decirlo. Cepilla cada área tres veces.
- En posición sentada o de pie, cepilla suavemente con movimientos largos empezando por tus piernas. Recuerda hacerlo en una sola dirección y siempre hacia el corazón. Comienza por la punta de tus pies y primero el frente de la pierna hasta llegar a la rodilla. Cepilla tres veces. Ahora haz lo mismo pero desde el talón, pasando por la pantorrilla hasta llegar a la parte de atrás de la rodilla. Finalmente haz lo mismo con los lados de la pierna.
- Sigamos ahora cepillando de la rodilla hacia la cadera: tus muslos, glúteos y un poco también el área genital. Recuerda empezar de la rodilla hacia arriba por delante, luego por detrás y finalmente a los lados, tres veces cada vez. Sé gentil en áreas más sensibles. Mientras más te acostumbres al cepillado te será menos incómodo.
- Cuando termines con el área de las piernas, sigue la parte superior. Sube un brazo y cepilla el dorso de tu mano hacia el codo.

Después la parte interior empezando por la palma. Cuando termines hazlo desde el codo hacia el hombro y la axila cuando sea la parte interior. Haz esto con cada brazo.

- Ahora vamos con el área del pecho. Empieza por el cuello y cepilla en dirección al esternón. Ten cuidado con el área de los pezones que puede resultar sensible. Luego vamos del bajo vientre hacia arriba, el área del abdomen. Recuerda cepillar cada área tres veces con suavidad.
- Sigamos con la espalda. Aquí conviene pensar en el cepillo de mango largo para alcanzar esa área. Empieza de la parte posterior del cuello hacia abajo cepillando los omóplatos. Luego, de la espalda baja hacia arriba. No olvides los costados de tu cuerpo.
- Cuando termines cierra los ojos por unos segundos y respira profundo tres veces. Luego estira tu cuerpo como si acabaras de despertar.
- Para finalizar podrías darte un baño y luego ponerte algún aceite o crema corporal suave.
- Lo ideal sería hacer esto todos los días durante un mes. Después podrías hacerlo dos o tres veces por semana. Recuerda ser gentil con tu cuerpo y no provoques ni permitas ninguna irritación.

6

CARGAS PESADAS

Caminante, son tus huellas
el camino y nada más;
caminante, no hay camino,
se hace camino al andar.

Al andar se hace camino,
y al volver la vista atrás
se ve la senda que nunca
se ha de volver a pisar.
ANTONIO MACHADO

Parte de no complicarse la vida consiste en no cargar cosas de más, especialmente si el camino es largo. Un amigo, cuando salíamos de viaje, llevaba toda clase de medicinas en un botiquín. Cargaba de todo y para todo. Dolor de cabeza, estómago, articulaciones, gripe, alergias, intoxicaciones, inflamaciones, indigestiones y, por supuesto, raspones. Era como una farmacia ambulante y no es que fuéramos de viaje a la selva o al desierto; solían ser viajes de ciudad entre amigos. Sólo recuerdo una vez que alguien tuvo dolor de cabeza y le pidió una de sus pastillas. Para hacer la historia corta diré que más de la mitad de las medicinas de su botiquín habían caducado. "¿Para qué cargas todo esto que ya ni sirve?", le preguntamos. "No pensé que ya hubieran caducado; según yo no tenía tanto tiempo que armé el botiquín, pero veo que me equivoqué." "¿Pues qué no las revisas antes de salir?", preguntó otro amigo. "Se veían buenas las cajitas", respondió este amigo de la farmacia ambulante.

La idea es no cargar de más ni algo que ya no sirva. En el ejemplo anterior además, en caso necesario, siempre se puede acudir a un médico o farmacia local. No digo que cargar una aspirina haga daño, especialmente si padeces dolores de cabeza, pero hay que llevar lo que nos haga bien y no mal, ¿verdad? No sería mala idea entonces pensar qué cosas cargamos que quizá ya deberíamos desechar hace tiempo o al menos revisado su caducidad.

El peso de tu pasado

La tragedia es la diferencia entre lo que es
y lo que pudo ser.
Abba Eban

Algo que cargamos y nos complica la vida son algunos hechos del pasado que no terminamos de acomodar en el museo de nuestra vida y los traemos activos como estandartes de batalla. Es muy interesante pensar cómo ese pasado, que hoy ya no existe, puede afectar nuestra vida de modo tan contundente. Y entiendo muy bien que no es el pasado en sí lo que afecta, sino los efectos que en su momento dejó en nuestras vidas y se extienden hasta el momento presente. Por ejemplo, si hace años tuve un accidente, eso está en el pasado, pero la cicatriz que me quedó sigue en mí. Lo mismo pasa con nuestras decisiones; algunas tomadas hace mucho hoy nos traen efectos que nos gustan y otros no tanto. Aun así, generalmente un resultado no depende de una sola decisión o suceso y es más bien la relación que hay entre lo que decidimos y otros factores.

Por ejemplo: en el pasado decidí hacer una inversión que me dejó en la calle. Pero esto no sólo es efecto de aquella decisión; las condiciones de la economía, del mercado, mi decisión de no haber liquidado antes aquella inversión o hasta mi poca experiencia en el manejo de mis finanzas personales, seguro influyeron de alguna manera sobre este resultado. ¿Tener el dinero bajo el colchón me habría garantizado un mejor resultado? No lo sé, porque alguien pudo enterarse y robarlo. "Pero si en todo ese tiempo no sucedió eso, seguramente no habría ocurrido y tu dinero estaría a salvo", podrías pensar. Es posible, pero nunca sabré si nadie entró a robar a mi casa porque de todos modos "no iba a suceder" o porque no había ningún dinero bajo el colchón.

Lo que hoy llamamos pasado en su momento fue presente, pero hoy es historia. ¿Qué es la historia? Para mí es una narración de hechos y sucesos que pasaron en algún momento. Lo interesante con el presente es que rápidamente se convierte en pasado. Mira esta palabra: *"PRESENTE"*, ahora continua leyendo estas líneas, no importa cuánto te tardes en hacerlo o si vuelves tus ojos a aquella palabra que te pedí mirar. Eso ya está en el pasado, ahora mismo lo que estás leyendo es esto que está escrito y no lo otro que ya leíste. Y aun así, cada palabra va quedando en el pasado aunque en el presente puedas volver a leerla. Este libro lo escribí en el pasado, pero para ti es un momento presente cuando lo lees.

Regreso a la historia (a ella siempre se llega regresando). Decía que para mí la historia es una narración y las narraciones tienden a ser interpretaciones entintadas primero por el ojo del observador (¿a qué le ponemos más atención cuando miramos una foto?). Luego, por el estado de ánimo o la emoción que tuvimos en aquel momento. También influye la compañía que tuvimos, el clima, la edad, los sonidos o la diferencia entre el resultado esperado y el obtenido; todo pone su granito de arena para que recordemos las cosas como lo hacemos y así las contaremos a otros y a nosotros. Hay muchas cosas que vamos a olvidar, otras las recordaremos para siempre y creeremos recordarlas exactamente como pasaron, pero esto es sólo una creencia. Por eso no será la misma historia la que cuenten los vencedores en una batalla que los vencidos. Aunque hayan estado en el mismo lugar al mismo tiempo, el propio resultado afecta el aspecto emocional y éste la memoria y sus narraciones.

En el mundo intrapsíquico, el mundo de nuestra mente, la realidad también se construye con estas narrativas y creencias. En ocasiones hasta teniendo evidencia que contradiga algo que creemos, nos resistimos a cambiar lo que nos contamos o llenamos los huecos con lo que nos parece más "lógico" o "razonable". Es como si dentro de nosotros hubiera la necesidad de saber, de tener certezas y preferimos acomodar hechos imprecisos antes que quedarnos con la duda. Entonces, si bien es cierto que el pasado no puede ser modificado, nuestra narración de él podría afinarse asumiendo que hay muchas cosas que no sabemos, no recordamos con precisión o francamente no tenemos idea de dónde las sacamos. No digo que todo lo que recordamos o vivimos sea falso, pero tampoco creo que todo sea verdadero; es sólo una versión posible en la que algunos podrían coincidir en algunas cosas y en otras no.

La historia personal

¿Habéis dicho sí alguna vez a un solo placer?
Oh amigos míos, entonces dijisteis sí también a todo dolor.
FRIEDRICH NIETZSCHE, *ASÍ HABLÓ ZARATUSTRA*

No se puede simplemente darle la vuelta a la página y renunciar a nuestro pasado como si no hubiera existido, está lleno de cosas que nos gusta recordar y otras que preferimos olvidar. Aun así, borrar selectivamente ciertos recuerdos no puede hacerse a voluntad, por el momento. Hay algunas investigaciones que experimentan esta posibilidad, pero no es algo que en el presente esté a nuestro alcance. A pesar de eso, muchas personas que acuden a terapia suelen decir: *"¡Quisiera no recordar el pasado!" "¿Cómo hago para que* X *o* Y *se borre de mi mente?"* O: *"Desearía nunca haber vivido eso."* Entiendo esa necesidad, especialmente con sucesos muy dolorosos o traumáticos. ¿Pero de verdad, si pudiéramos hacerlo, borraríamos algunos recuerdos? ¿Para no sufrir? ¿Cómo sabemos que sin esos recuerdos dejaríamos de sufrir? Quizá sufriríamos por otras cosas o de modo distinto. Los recuerdos forman parte de nuestra vida y estructuran una imagen de quiénes somos, por lo que hemos pasado y lo que con eso hacemos. ¿Y recordar los errores no evita de alguna manera cometerlos de nuevo? Para la mayoría sí, para otros no, pero incluso saber que tropezamos muchas veces con la misma piedra ya nos dice algo de nosotros y nos lleva a buscar cómo salir de ese círculo vicioso, ¿no es así?

Si no lo has hecho, sería muy interesante que vieras dos películas que a mí me parecen reveladoras en este sentido. Una de ellas es *Groundhog Day* (Bill Murray, 1993, Columbia Pictures) en español *El día de la marmota* o *Hechizo del tiempo*; la otra es *Eternal Sunshine of the Spotless Mind* (Jim Carrey, 2004, Focus Features) en español *Eterno resplandor de una mente sin recuerdos*. Ambas son comedias desde un punto de vista y no lo son tanto si consideramos su complejidad. No te contaré las tramas porque prefiero que las veas si tienes interés. Sólo te repito que tienen que ver con esta fantasía de cambiar el pasado de alguna forma.

Volviendo a la historia personal, comienza en la infancia y hay cosas que un niño o niña nunca debería vivir; abusos, maltrato, manipulación, chantaje, cargas familiares heredadas o hasta lealtades retorcidas que nos sentimos obligados a mantener a cambio de cariño o aceptación. También de adultos hay vivencias que rebasan nuestra capacidad de resolución o adaptación. Ubicar los acontecimientos traumáticos en la vida y seguir viviendo a pesar de ellos es una tarea que forma parte de la experiencia humana. Recolocar los hechos del pasado, y a nosotros ante ellos, nos ofrece una perspectiva distinta de vivencias dolorosas. Si de cualquier forma no es posible hacer una reconstrucción fidedigna y objetiva de nuestra historia personal, no veo por qué no podríamos ver lo ocurrido y pensar qué podríamos decirnos del pasado que resultara menos extremo, perverso o desgarrador. No hay vida sin cierta dosis de drama, lo que no significa que deba convertirse en tragedia.

Veamos algunos ejemplos de vivencias del pasado que pueden marcar nuestro presente.

Una infancia complicada

De niños somos vulnerables y dependemos de los adultos. Eso lo necesitamos para sobrevivir. Pero los seres humanos ya hace tiempo no nos conformamos con eso, buscamos florecer y para eso también necesitamos inicialmente a los adultos. No solamente para que nos alimenten y nos den abrigo, sino para que lo hagan con cariño y aceptación incondicional. Necesitamos sentirnos amados, valiosos y respetados por adultos que a su vez sepan proveernos de eso. Digamos que eso se traduce en padres razonablemente capaces, maduros y estables. No es lo mismo tener hijos que ser padres; lo primero es un hecho biológico, lo segundo es una función social pero sobre todo psicológica y afectiva. Un niño no tiene la capacidad de pensar "¿Qué le pasa a este adulto que me trata como no merezco?" Más bien se adjudica erróneamente las causas del maltrato y se dice "yo no valgo; no soy como los demás".

Padres ausentes, presentes pero incompetentes o no disponibles para nosotros, crean un mundo de confusión en la mente infantil. ¿Cómo explicarnos que la persona que debió cuidarnos nos maltrata? O por el contrario, ¿cómo entender que al final ni éramos esos pequeños seres que emanaban luz en todas direcciones, que vinieron al mundo a ser servidos y adorados y en realidad sólo somos uno más? ¿Qué historias habremos de contarnos de adultos ante el abandono de un padre o una madre? De aquel que se ausentó de nuestra vida por complejas razones conscientes e inconscientes, para lo que no encontramos otra explicación más que "no me quiso". Y esto no lo sabemos, porque es verdad que quizá no te quiso, pero tal vez no fue capaz de querer a nadie o su manera de amar era muy retorcida porque así la aprendió. Y no trato de justificar nada que no conozca, sólo abrir el abanico de posibilidades ante una situación así.

Es indiscutible que el estilo de crianza que nos dan tiene un efecto determinante en nuestra vida adulta y en la manera de relacionarnos. Por ejemplo, padres que nos ofrecieron un adecuado balance entre protección y autonomía, crean un estilo de apego seguro, lo que nos permite tener relaciones intra e interpersonales más sanas. Si fuimos sobreprotegidos, muy probablemente desarrollamos un estilo de apego inseguro, que nos hace mucho más vulnerables a la adversidad y se crean conflictos de relación que incluso pueden desatarse con las mismas figuras parentales llegada la adolescencia. Aquellos que nos asfixiaron bajo su manto protector son los primeros en ser "castigados" por su incompetencia. Luego están los padres que prefieren hacer hijos "buenos" antes que felices. Aquellos para los que la disciplina lo era todo o la calidez era nada; los que vieron como debilidad la expresión de emociones o como algo inaceptable el miedo, las dudas o la inevitable incertidumbre ante las decisiones. Ellos moldean la personalidad a tal grado que resultan hijos con un estilo de apego que se conoce como "evitativo". Lo que reina en ellos es la desconfianza hacia los demás, la poca empatía y una aparente indiferencia.

Finalmente están los abusos de todo tipo. Crianzas verdaderamente traumáticas que vinieron de manos de adultos trastornados o incompetentes. Los efectos de esto van desde el bloqueo de la expresión emocional hasta conductas antisociales como maltratar animales o lastimar a otras personas. Hay quien incluso en la edad adulta vive los hechos traumáticos de su niñez con gran culpa. La depresión, la ansiedad y muchos trastornos mentales encuentran tierra fértil en este tipo de crianza. Lamentablemente, el fin de los maltratos no garantiza la liberación de los traumas que nos dejan. A esto hay que sumarle el miedo y la sensación de haber sido traicionados o ultrajados por quienes debieron protegernos.

Una familia frágil

Pero ante los abusos, el resto de la familia pudo tener un papel protector y de rescate para un niño o una niña. La figura protectora de abuelos, hermanos u otro familiar cercano y empático no evita las consecuencias, pero sí las amortigua. "Alguien estuvo para mí, alguien de alguna manera me rescató", puede pensar el menor y recordarlo así como una cuña que le ayude a superar el trauma. Lamentablemente, a veces la familia es frágil, quebradiza o indiferente. En muchas existe la costumbre de no escuchar a los niños, no tomarlos en serio, tacharlos de mentirosos, exagerados, malagradecidos o de mirar para otro lado, sobre todo cuando los abusos son generalizados.

El miedo colectivo a algún miembro de la familia autoritario y violento repliega al resto a un rincón de silencio y complicidad involuntaria. Quizá es menos doloroso fingir que no pasa nada que afrontar la realidad. Como sea, una familia que no es soporte para un menor maltratado sólo acelera su caída. Las reacciones emocionales del entorno son un componente fundamental para la resistencia infantil. Y no digo que todo esto suceda en un ambiente de maldad familiar; a veces la misma crianza de todos, la pobreza, el hacinamiento o la ignorancia tejen esta macabra telaraña alrededor de todos, incluso del que haga el papel de "araña".

Por fortuna, infancia no es necesariamente destino, o al menos no deberíamos permitir que lo fuera. En la adultez se puede tomar el rumbo de la vida en manos propias. Es verdad que siempre se puede decir: "No puedo estar bien, debido a la infancia que tuve", ¿pero por qué harías eso si tu mente puede gestar como un hijo propio un nuevo pensamiento?:

"Puedo estar bien, a pesar de la infancia que tuve."

Quizá ahora mismo alguien al leer esto pensará: "¿Pero cómo rayos voy a estar bien cuando todo está mal? Este tipo escribe por escribir y sin conocer la historia de los demás; sin conocer mi historia personal llena de dolor." Si es tu caso, lamento mucho que experimentaras lo que pasaste. Supongo que ya contaste a alguien tu historia, buscaste la ayuda necesaria o pusiste manos a la obra para mirar tu situación desde otra perspectiva. Si no, ya hablaremos de esto.

La muerte de un ser querido

Algo que también puede cambiar la trama de nuestra historia es la muerte de un ser querido; alguien significativo para nosotros y que de alguna manera era eje en nuestra vida. Puede ser un padre, una madre, un hermano, un hijo, un amigo o hasta una mascota. Es muy importante quién era para nosotros el que se ha ido, pero más todavía lo que su existencia representaba en nuestra vida. El lugar donde le colocamos y lo que pasará con nosotros a partir de esa ausencia.

La muerte de alguien amado puede hacerse presente en nuestras vidas de manera previsible o repentina. Alguien puede enfermar de gravedad y morir lentamente o sufrir un accidente y todo cambiará de un momento a otro. Pueden morir los viejos, pero también los jóvenes y hasta los niños. Mueren los enfermos y los sanos. Mueren los que llamamos "buenos" y quienes consideramos "malos"; los que tienen muchos hijos pequeños que cuidar y también quien no tiene a tantos en su vida. En suma, nada vacuna ni previene contra el morir. La muerte es universal, inevitable e irreversible; todos vamos a morir, pero es muy interesante ver nuestra reacción ante ella.

Hay quien la niega diciendo que no le teme y quien con sólo nombrarla piensa que la atrae. Pero quizá la reacción más interesante sea la de sorpresa y la sensación de ultraje que nos causa cuando llega. Reaccionamos como si fuera un error; como si pudiera ser evitada de alguna manera. Como si quisiéramos que los que queremos permanecieran a nuestro lado para siempre, que fueran inmortales. Parece que tuviéramos que autorizar su presencia. Sólo hasta que alguien esté sufriendo mucho, por enfermedad o vejez, creemos que la muerte lo liberará del sufrimiento y entonces pensamos en ella como esa "gran liberadora", que si bien puede aliviar, también nos carga de culpas por haber deseado su presencia.

No es la muerte o el hecho de que alguien muera lo que afecta tu historia personal, sino lo que te dices y haces ante la ausencia del otro y con la muerte en sí. Ese intento desgarrador por revertir lo ocurrido o evitar lo irreparable. La infancia no es destino, la muerte es nuestro destino y la de otro nos aterra porque nos confronta con nuestra propia muerte y vulnerabilidad. Nos marca porque nos recuerda que un día nos marcharemos. Sé que muchos dirán que no es así, que lo que duele es la ausencia y es verdad, pero también lo es que, por más que lo neguemos, el miedo a morir está tatuado en nuestro instinto de supervivencia.

La muerte de alguien amado puede ser una piedra atada al cuello que nos arrastre al fondo de un océano de dolor, cuando nos abandonamos sin resistencia a la tristeza. "Nunca volveré a ser feliz", aseguran muchos. "Se ha marchado y se ha llevado mi felicidad, mi esperanza y mi alegría... nunca volveré a sonreír", dicen otros. Duele, claro que duele perder a alguien importante en nuestras vidas. De hecho nuestra vida no volverá a ser la misma tras esa ausencia; necesitamos reaprender a vivir en un mundo distinto. ¿Aceptar lo ocurrido? Eso queda en ti. Aceptas un hecho irreversible como la muerte de alguien o gritas y reclamas al cielo que no lo aceptas. Da exactamente lo mismo porque eso no cambiará lo ocurrido, sólo empeorará tu dolor al sentir que te desgarras con esa resistencia.

Los estoicos utilizaban una metáfora para esta resistencia a lo inevitable.

> *Ellos decían que somos como perros atados a una carreta, que no es otra que la vida. Que cuando la carreta se mueve el perro tiene dos opciones; resistirse y ser arrastrado por ella o caminar en su misma dirección aceptando lo inevitable.*

La vida no va a detenerse porque nos parezca o no lo que en ella sucede. ¿Por qué pasan cosas que nos lastiman? ¿Por qué mueren nuestros seres queridos? ¿Por qué los malos viven y mi ser amado bueno ha muerto? No lo sé, supongo que la vida es así. ¿Entonces no hay nada que pueda hacerse? Sí... aceptarlo porque es un hecho de la vida, o no aceptarlo y vivir con el dolor de lo que "la vida" nos ha "arrebatado".

No hay modo de que la muerte de un ser querido no nos duela y ni forma sana de evitar ese dolor. Pero la naturaleza no nos deja desamparados y hemos desarrollado un proceso que nos ayuda a sanar: el duelo, ese tiempo que transcurre entre el momento de la pérdida y el tiempo en que aprendes a vivir con lo que pasó. Puede variar en duración, desde uno a varios años, y no es un proceso en el que estamos pasivos dejando pasar el tiempo, sino que nos mantenemos tratando de recolocarnos en un mundo que ha sido alterado por la ausencia. Es un proceso de cambio que nos lleva de cómo nos sentimos tras la pérdida a cómo nos queremos sentir cuando lo peor haya pasado, aunque a veces creas que el dolor nunca acabará.

Sin embargo, el proceso de duelo no puede comenzar plena y sanamente hasta que la pérdida se asume como real. Hasta que declaramos "se ha ido" en vez de un "no acepto que se haya ido". No puedes sanar adecuadamente una pierna rota si no te atiendes porque no querías que pasara lo que ya sucedió. Entonces, ese es el primer paso: el reconocimiento de lo que pasó, de lo que duele y de la voluntad de querer estar bien.

Lamentablemente en nuestro México las muertes por hechos delictivos han ido al alza en los últimos años. ¿Eso también debemos aceptarlo? No. Lo repito, debemos aceptar lo que no se puede cambiar y las condiciones sociales de nuestro país pueden ser modificadas si hacemos lo necesario. La muerte es lo que se acepta, la forma de morir es lo que puede entrar a debate y discusión cuando se arrebata la vida de alguien impunemente. Pero si es tu caso, te sugiero atender más adelante el tema del perdón.

Culpa, remordimiento y vergüenza

—¿Mujer, dónde están los que te acusaban?
¿Ninguno te ha condenado?
Y ella respondió:
—Ninguno, Señor.
—Entonces Jesús le dijo:
Yo tampoco te condeno.
Vete; desde ahora no peques más.
JUAN 8:10—11

Estos pueden ser tres grandes lastres que nos complican la vida. La culpa, que sentimos por un daño hecho o que creemos haber hecho; la vergüenza, por no sentir que somos dignos como los demás, y el remordimiento, sentimiento *displacentero* que se produce por no haber actuado de manera correcta. Todos sirven para algo en la dosis adecuada; todos son muy destructivos cuando se hacen grandes, pesados y lentos como gigantes obesos.

Cuando algo anda mal en nuestro cuerpo se produce algún dolor o molestia. Es la señal de alarma para hacer algo y evitar un mal mayor. Un dolor no suele ser placentero sino molesto, de otra manera no llamaría nuestra atención y no nos movería a la acción para eliminarlo. Yo cuando tengo un dolor no suelo tomar analgésicos como primera intervención, a menos que sepa de dónde viene y qué significa. Eso quizá me salvó la vida una noche en 2007, cuando experimenté un fuerte dolor y molestia abdominal. A pesar de lo incómodo, sentí que "apagar" esta alarma sin saber qué pasaba podría ser peligroso. Era de madrugada, así que esperé para ver cómo evolucionaba lo que parecía indigestión, pero algo me indicaba que no lo era. Al amanecer y al ver que la "alarma" seguía activa y "sonaba raro", fui al hospital. El diagnóstico: pancreatitis aguda. Un padecimiento que en 20% de los casos puede complicarse de gravedad, incluso hasta la muerte. "¿Por qué vino tan rápido a urgencias?", me dijo un médico que me atendió. "Las personas suelen dejar pasar más tiempo antes de acudir al médico en casos como éste". Le respondí que no había tomado analgésicos y la molestia iba en aumento, era algo inusual, y eso me hizo tomar la decisión. "Haber venido tan pronto seguro hará una diferencia", me respondió. Y quizá la hizo, porque aquí sigo a pesar de que la causa de la pancreatitis resultó desconocida para los médicos. Idiopática, la llaman.

Entonces, escuchar las alarmas del cuerpo tiene sus ventajas. ¿Qué tiene que ver todo esto con culpa, vergüenza y remordimiento? Que los tres también son señales que se disparan cuando algo no va bien, pero no son alarmas físicas, sino psicológicas y tienen también la finalidad de tomar acciones para corregir algo que puede ser potencialmente peligroso. Como todas las alarmas, no debemos desconectarlas porque sí, pero tampoco tendríamos que vivir con ellas reventándonos los oídos, o la paz interior. Una alarma que no avisa lo que tiene que avisar, o que se dispara o mantiene sin razón alguna, es una alarma descompuesta.

La culpa

Podemos definir la culpa como un sentimiento desagradable que nos avisa que algo que hicimos o dejamos de hacer, pudo dañar de algún modo a una persona. Si es alguien emocionalmente cercano es muy importante, pero aun siendo un desconocido nos disculpamos con él cuando sin querer lo hemos pisado.

Es precisamente la finalidad de la culpa, reparar la relación con la persona lastimada, ya sea para mantenerla o conservar nuestro lugar en la sociedad como personas conscientes y responsables. Podemos decir que sentir culpa es una reacción de tipo "pro social", un comportamiento que nos acerca o evita que nos alejemos de la sociedad. Una persona que no siente culpa tras lastimar, no reconocerá su responsabilidad, ni pedirá perdón y tampoco ejecutará acciones tendientes a reparar el daño. Por ejemplo, supón que te ofreciste a llevar a tu hermano al aeropuerto al día siguiente, pero al final lo olvidaste. Casi a la hora que habían acordado suena el teléfono; es tu hermano y con sólo ver su nombre en la pantalla de tu celular, cobras conciencia de que cometiste un error. Contestas el teléfono:

> *—Hermano, perdóname, soy un imbécil. Se me pasó por completo que te iba a llevar.*
> *—¿Cómo crees? Yo pensé que ya casi llegabas.*
> *—No caray, me distraje o no sé qué pasó. Muy mal de mi parte, te pido que me disculpes. Si me voy ahorita ya no llego a tiempo, ¿te parece si te mando un taxi?*
> *—No es necesario, ahora lo pido, pero qué mala onda que se te olvidara.*
> *—Ya sé. Tienes razón en sentirte mal, no es para menos. Por favor de verdad déjame mandarte el taxi ahorita mismo. Te ofrezco que cuando vuelvas yo voy por ti a recogerte.*
> *—De verdad no es necesario y pues ya de regreso tomo otro taxi.*
> *—Por favor, déjame hacer eso que te digo. De verdad me siento muy mal.*
> *—Está bien pues, manda el taxi. ¿Pero, y si no llegas por mí cuando vuelva?*
> *—No, cómo crees. Me voy a poner mil alarmas. Si no voy me desheredas.*
> *—Jajaja de todos modos no te voy a heredar nada.*

—Jajaja ahora sé por qué se me olvidó ir por ti. Ya va el taxi en camino.

—Eres un tonto. Gracias pues.

—Te quiero hermano.

—Yo te quiero también a ti.

"De verdad me siento muy mal", dice el hermano que cometió la falta. Ahí está la culpa en acción, moviendo a reparar el olvido al reconocer la responsabilidad, pedir perdón, mandar el taxi como reparación del daño y ofrecer alguna compensación, como ir por él a su regreso. Sin sentir culpa, tal vez la respuesta ante el reclamo por el olvido hubiera sido: "Güey, soy humano, no hagas drama. A cualquiera se le olvida." Con esta última actitud no se repara mucho ¿cierto?

Sé muy bien que no en todos los casos la falta cometida tiene reparación satisfactoria. A veces lo sucedido es irreparable o irreversible y ante eso lo que resta es pedir perdón de corazón, haciéndole saber al otro lo mal que nos sentimos por lo sucedido. Si este es tu caso, más adelante hablaré del perdón y cómo pedirlo adecuadamente.

La culpa que se siente y la culpabilidad que se tiene

Ahora bien, sentirse culpable no es lo mismo que ser culpable. Hay personas que siendo culpables de algo, no sienten culpa alguna y las hay que sin tener ninguna culpabilidad la experimentan. En el primer grupo encontramos personalidades psicopáticas o antisociales; en el segundo personas depresivas o de muy baja autoestima. En este caso no importa lo que se haga, como uno no se siente aprobado por los demás, la culpa llega con facilidad y se estaciona en nuestras vidas.

La culpa tóxica

Sentir culpa sin ser culpables nos deja atrapados en un callejón sin salida. ¿Cómo reparar lo que no he roto o ni siquiera lastimado? Es una culpa que se presenta como autocastigo estéril, porque ni siquiera se puede aprender nada de ella. Y digo que es tóxica porque envenena nuestro pensamiento y nuestras relaciones.

Uno de sus efectos es no dejarnos ser felices por sentir que estamos en deuda con alguien, por sentirnos malas personas o incluso que debemos ser castigados. La felicidad entonces sería como un premio, así que se procura sostener pensamientos punitivos o muy críticos hacia uno mismo para no olvidar la clase de "monstruo" que somos. Un monstruo debe alejarse de los demás para no lastimarlos, así que también la culpa tóxica hace que te alejes de las personas, especialmente de las que lastimaste o tú crees que lastimaste, impidiendo con ello toda posibilidad de reparación, perdón o aclaración. Distanciarte de los otros te puede conducir al autoexilio físico y emocional de quienes están cerca de ti.

Otra forma de culpa tóxica es la que se mantiene cuando, siendo culpables, ya hemos pedido perdón y reparado en lo posible la falta. Es posible que la otra persona no nos haya perdonado porque no sabe o no quiere hacerlo, lo que nos conduce a convertirnos en nuestros propios verdugos de manera indefinida. La culpa tóxica en su máxima expresión conduce a la vergüenza tóxica, aún más grave de resolver de manera favorable.

¿Qué hago con la culpa?

Entonces, si sueles sentir culpa con frecuencia, o has venido cargando una grande desde hace mucho, haz la siguiente reflexión:

Siento culpa. ¿Soy culpable?

Si la respuesta es sí, *pide perdón* a quien hayas lastimado y *haz algo para reparar el daño.* ¿El otro no te perdona? Busca más adelante el tema del perdón. ¿El otro ya no está en tu vida? Busca más adelante en este libro "El arte de dejar ir". Si la respuesta es "siento culpa, pero no soy culpable", entonces tu culpa no es más que una creencia. Busca el tema del perdón a ti mismo y el de "tiempo de soltar".

El remordimiento

Muy asociado con la culpa, también es un sentimiento que nos avisa que algo hicimos mal y necesita ser reparado. Hay diferencias sutiles: la culpa se siente cuando se lastima a alguien por acción u omisión y está consciente de que fuimos nosotros los que cometimos la falta. En el remordimiento el otro no necesariamente sabe que somos los responsables, pero nosotros sí lo sabemos y nos sentimos mal. El remordimiento es como un arrepentimiento amargo y doloroso que produce una sensación de angustia por lo realizado. No alcanza a ser vergüenza, pero nos consideramos "malas personas" por una acción particular.

Quiero también precisar que remordimiento y arrepentimiento no son la misma cosa. En el arrepentimiento hay un deseo de que las cosas que hicimos hubieran sido distintas. Por ejemplo, si dejamos el auto estacionado en la calle en vez de pagar un estacionamiento y por este hecho le han robado algo, nos arrepentimos de nuestra mala decisión. Evidentemente podemos sentirnos mal con nosotros por "tontos" o "miserables" al haber perdido más en el robo de lo que ahorramos por evitar el estacionamiento, pero nada más. No hay necesariamente un malestar profundo o angustia, como sí sucede con el remordimiento. Entonces, el arrepentimiento no involucra remordimiento, pero el remordimiento sí arrepentimiento. El arrepentimiento es sobre la consecuencia, el remordimiento sobre la intención al actuar y esa es otra diferencia. También aparece aquí otra distinción con la culpa. El acto que lleva a ella pudo ser accidental o no intencionado (como olvidar el compromiso de llevar a un hermano al aeropuerto). El hecho que lleva al remordimiento tenía cierta voluntad, intencionalidad y conciencia de que el acto era indebido o dañino.

Un ejemplo de remordimiento es lo que se siente cuando inicias un rumor sobre alguien y daña su reputación. Imagina que dejas un mensaje anónimo en casa de un amigo diciéndole a su pareja que le está engañando con alguien. Esto por supuesto puede desatar de menos un malentendido entre ellos un problema grave. Nadie sabe que tú enviaste ese mensaje, pero tú sí y te sientes muy mal por ello. No quieres confesar lo que hiciste porque eso te traería problemas y seguramente terminaría con la confianza y amistad de esas personas, además de dañar tu propia reputación. Entonces, como no hay confesión, ni se asume la responsabilidad del hecho, no hay posibilidad de reparación o perdón. Podrías en tu remordimiento buscar compensar lo hecho hablando con cada uno para que se reconciliaran, pero tú siempre sabrás que fuiste el causante del conflicto, incluso ofrecer tu ayuda te haría sentir hipócrita. El remordimiento es lo que siente una persona sana cuando ha cometido una acción que transgrede su propio sistema de valores. Suelen ser sucesos unitarios los que disparan la alarma del remordimiento y no una forma de ser; eso causaría, como ya veremos, vergüenza.

¿Para qué sirve entonces sentir remordimiento? Precisamente para reparar o evitar actuar de la misma manera. Nuestra mente sabe que un acto así puede poner en riesgo nuestro lugar en la sociedad y nos alerta para detener la conducta. Incluso la confesión de lo hecho es una manera de terminar con el remordimiento y convertirlo en culpa. No es que una sea mejor que otro, pero el remordimiento suele vivirse en soledad por el temor a contar lo que se ha hecho. No es poco común que incluso algunos criminales acaben entregándose a la autoridad como producto del remordimiento que sienten por su crimen o una serie de ellos. El remordimiento también puede sentirse sólo por desear el mal a alguien, aunque el paso al acto definitivamente lo agrava.

¿Qué hacer con el remordimiento?

En cuanto lo sientas detén la acción indebida. No sigas adelante con ella si es posible. Si está consumada, lo que sigue es la confesión, asumir la culpabilidad, pedir perdón, reparar la acción y la relación, si posible. Si crees que guardando silencio nadie se enterará, piénsalo dos veces. No hay garantía de eso así pasen 20 años y vives con el remordimiento de haber traspasado tus propios límites y causado un daño. ¿Habrá consecuencias? Por supuesto, y tendrás que asumirlas. Podría resumir el proceso de liberarse del remordimiento de esta manera:

- Para
- Confiesa
- Asume tu culpabilidad
- Pide perdón
- Busca reparar si es posible
- Asume las consecuencias posteriores

"¿Pero no este libro se llama *No te compliques*, Mario? Esto que pides en definitiva es una forma de complicarse la vida; mejor, si ya metimos la pata, vamos a llevarnos ese secreto a la tumba", podría pensar cualquiera de mis lectores. Entiendo esta postura, no es sencillo ni agradable admitir que se es culpable, pero los efectos de no hacerlo pueden ser muy costosos porque evitan la reparación.

Entonces la tarea es transformar el remordimiento en culpa antes de que, a su vez, se transforme en vergüenza, la que en su forma más tóxica puede traernos resultados catastróficos.

La vergüenza

Si la culpa es la alarma que se dispara para alertarnos por lastimar a alguien, la vergüenza es el sentimiento *displacentero* que nos avisa de que no se trata de una acción aislada, sino que nosotros estamos mal. Si sientes culpa por algo que hiciste a otro, la vergüenza la sientes por ser tú y evaluarte como un ser inadecuado para tu contexto familiar o social. Te sientes diferente y no para bien. Es una herida mucho más profunda que la de la culpa porque aquí se trata de repararte y sólo puedes hacerlo tú. La desventaja surge cuando es posible que te sientas tan mal por quien eres, que caigas en la resignación de no merecer ni siquiera la oportunidad de mejorar.

Pero la vergüenza en sí no es dañina, si nos mueve a la acción, como pasa con la culpa útil. Es también un sentimiento de carácter pro social que busca mantenernos dentro de un grupo y ser vistos como seres valiosos. Por ejemplo, al sentir vergüenza nos ponemos rojos y agachamos la cabeza, desviamos la mirada o nos cubrimos la cara como una manera de apartarnos de los demás. Incluso hay un término para eso: "Se me cae la cara de vergüenza." Luego de marcar distancia u "ocultarnos", será ese sentimiento la motivación para buscar un cambio en nuestra vida. De hecho es una motivación más poderosa para cambiar que la culpa o el remordimiento. Con ella se busca ser alguien más honesto, solidario, perseverante, humilde, prudente o agradecido, por mencionar algunas de las fortalezas que pueden liberarnos de la vergüenza. Quien la experimenta está dispuesto a someterse a una metamorfosis para sentirse bien consigo y ante los demás.

Es precisamente la metáfora del "Ave Fénix", ave mitológica que muere consumida por el fuego que purifica, para resurgir de sus cenizas: mensaje de la transformación personal.

La vergüenza tóxica

Con ella el Ave Fénix se habría quedado para siempre entre las llamas, ser consumida y desaparecer. El fuego deja de tener una función purificadora y se vuelve un castigo, una suerte de infierno. Así es esta vergüenza que, si nos paraliza, nos lleva al odio y al desprecio de uno mismo a través de la destrucción de una autoestima sana y de nuestra salud psicológica en general. Lo peligroso de esta vergüenza es su permanencia como sentimiento y voz interna que nos recuerda constantemente nuestros defectos y bajo su "embrujo" puede hacernos creer que el principal de ellos es haber nacido. Es la falla total de nuestra identidad, de nuestro papel como personas y ante la sociedad. Hay distintos estudios que correlacionan a la vergüenza como un factor que conduce al suicidio. Con la vergüenza vives enojado y ese enojo a veces se revierte contra ti.

¿Qué hago con la vergüenza?

Lo primero es reconocer que se siente. No pocas veces evadimos las intensas sensaciones que produce proyectando en otros nuestro "ser fallido"; lo que se traduce en relaciones violentas, jerárquicas y muy agresivas hacia otros en los que, con mayor facilidad, identificamos lo que en nosotros no reconocemos porque nos duele.

Luego, deja de buscar hasta tu última célula fallida para seguirte castigando. No necesitas ser fiscal, ni juez, sino tu propio abogado defensor. Sin caer en la complacencia o la resignación, necesitas ser muy suave y paciente contigo en este proceso. Empieza a trabajar ya en tu proceso de "renacimiento". Muchas veces un buen terapeuta te acompañará en el proceso de aprender a construir una identidad más en línea con lo que quieres para ti. ¿Recuerdas que en los primeros capítulos hablamos mucho del "Yo ideal"? Es precisamente el que buscamos. Si crees que algo debes perdonarte, ve ahora mismo a la parte donde hablo acerca del "perdón a uno mismo".

Secretos

Tres pueden guardar un secreto si dos de ellos están muertos.

Benjamín Franklin

El tema de los secretos ha sido muy satanizado a lo largo del tiempo. De pronto la creencia colectiva es que todos los secretos son malos, pero la verdad es que todos guardamos algunos. Ya en el capítulo de los límites hablé de los relativos a lo privado, lo que decidimos revelar o no a alguien de nosotros, pero que no necesariamente está oculto, simplemente no queremos que ciertas personas se enteren. Los secretos son otra cosa, es algo que deliberadamente se oculta porque hay un temor implícito de que sean descubiertos.

Podemos guardar secretos propios, de otros que nos han confiado o de los que nos hemos enterado de manera fortuita o por cuenta de terceros. A veces nos hubiera gustado no enterarnos de algo porque ahora nos sentimos cómplices, tenemos remordimiento. ¿Pero qué tienen que ver los secretos con complicarse la vida? Tenerlos puede provocar ansiedad e inquietud. Los secretos son historias no contadas o verdades no reveladas. No son una falta por acción, como en la culpa o el remordimiento, sino por omisión de la verdad. Algo no se dice, aunque se sabe, y se sabe que otros podrían estar interesados o verse afectados por lo que sabemos, si lo saben y también si no se enteran. Pero nosotros no queremos ser los verdugos, *"que se entere por su cuenta"*, decimos cuando conocemos un secreto que afecta a otro. Los propios pueden ser de muy diversa índole: enfermedades, abortos, violaciones, abusos, delitos, procesos penales, infidelidades, preferencia u orientación sexual, estilo de vida y hasta ideaciones o intentos suicidas.

¿Se debe revelar un secreto?

De otra persona que nos ha pedido guardarlo, probablemente no, a menos que el secreto sea que va a cometer un delito grave o a suicidarse, por ejemplo. En ese caso más que guardar el secreto deberíamos convencer a esa persona de buscar ayuda profesional de inmediato. Es muy común que cuando alguien está a punto de revelarnos un secreto primero nos anuncie lo que viene y después nos haga prometer o jurar que no lo vamos a contar a nadie. Es un momento crucial porque justo ahí podríamos decir: "No me gusta saber secretos de otros, si me lo dices no te puedo prometer que no se lo contaré a nadie si considero que es lo más conveniente, es tu decisión." Muy probablemente la persona ya no quiera contártelo. Pero no, a veces juramos que no diremos nada con tal de enterarnos del chisme y luego se lo contamos a otro haciéndole jurar que a su vez no lo revelará a nadie o por lo menos no dirá quién se lo contó. Ya no hay tal secreto y sí puede quedar culpa o remordimiento si guardar o revelar ese secreto causó problemas. Entonces lo mejor para no complicarnos la vida y caer en la disyuntiva de revelar o no un secreto, es evitar enterarse de ellos en la medida de lo posible.

Están también los secretos familiares. De esos que todos saben y hacen como que los ignoran o que, sabiendo que saben, hacen un pacto implícito o explícito de no contarlos. Hay secretos que sólo saben unos y forman una especie de bandos o categorías intrafamiliares. Los de confianza o los "fuertes" que pueden saberlos y el resto no. Estos secretos, además de dejar grandes huecos y verdades a medias, crean un espacio oscuro en la historia familiar. Como se prefiere no hablar de eso hay muchas interrogantes, suposiciones y no pocas veces dolor o indignación colectiva que se vive en soledad.

Complica mucho la paz interior ser depositario de información que involucra cosas del pasado que no podemos cambiar y a veces ni siquiera entender. Abrir con otros los secretos familiares puede tener un alto costo si la familia se entera. ¿Pero qué pasa cuando la familia crece? Llegan las parejas, los hijos y los nietos. ¿Se les deben contar los secretos familiares? Si se hace se corre el riesgo de que se salga de control y otros ajenos los sepan. Si no se hace, de alguna manera no se les abre la puerta plenamente a los nuevos miembros del entramado familiar. Hay una desintegración de origen. La vida de mi pareja y de mis padres no me debería ser ajena porque formarán parte de mi vida por mucho tiempo. ¿Y qué si el secreto se descubre al paso de tiempo? ¿No podría haber un reclamo genuino de la pareja o de los mismos hijos al enterarse y saber que nunca se les dijo la verdad? Que fueron excluidos y tratados como si no fueran parte del círculo de confianza. Se argumentará que se hizo por su bien, pero eso sólo agravará el mensaje: no sólo no eres de confianza, aparte no te veo con capacidad para manejar información sensible.

¿Y un secreto propio? Eso depende de cada uno. Hay secretos que comprometen la intimidad, dignidad o hasta seguridad personal. Tampoco se tiene que ir por la vida contándole todo a todo mundo como si fuéramos transparentes. Si guardar un secreto propio no te produce angustia, llévatelo a la tumba, pero asegúrate que de verdad no sea algo que te inquieta demasiado. Hay secretos que nos provocan vergüenza pero que haríamos bien en abrirlos en un ambiente seguro y con alguien que nos pueda ayudar a elaborar los sentimientos que surjan de lo guardado por mucho tiempo y que impacta nuestra vida, aunque nadie lo sepa. En el siguiente capítulo hablaremos del tiempo de contar tu historia personal.

No quiero decir con esto que todo secreto deba ser revelado. Sólo abogo por la conveniencia de no hacerlo con quienes se inquieten o lastimen y sí con las personas adecuadas.

¿Qué vimos en este capítulo?

- El pasado no puede ser cambiado y las vivencias significativas tampoco olvidadas. Tapar el sol con un dedo no nos previene de las quemaduras solares.
- Con el pasado, lo que puede hacerse es aceptarlo pues es lo que pasó. Querer que las cosas hubieran sido diferentes nos conduce al sufrimiento. El futuro es el que puede ser diferente si cambias tus acciones en el presente.
- No se niega el dolor de una infancia complicada, pero si eres un adulto serás responsable de tu vida. Busca soluciones y detén ya esa infinita y agotadora cacería de culpables.
- Un hecho inevitable de la vida, como la muerte de un ser querido, nos recuerda nuestra propia vulnerabilidad. Hay cambios que llamamos pérdidas y nos resistimos a ellos como si pudieran ser evitados o fuera "malo" que sucedieran. "Bueno" y "malo" son clasificaciones que inventamos para entender algo, pero no describen lo que aún no podemos o queremos entender.
- Culpa, remordimiento y vergüenza no son sentimientos inútiles de los que debamos deshacernos como si fueran una peste indeseable. Son alarmas para recordarnos que algo que hicimos o dejamos de hacer, nos puede alejar de los demás. Nos mueven a conductas pro sociales como búsqueda de perdón y reparación de un daño hecho o de nuestra identidad como seres sociales. Lo que hace tóxicos a estos sentimientos es que permanezcan y no nos muevan a nada positivo.
- Los secretos son también cargas pesadas que llevamos. A veces propios, a veces ajenos. Cuando un secreto pesa al punto de aplastarnos hay que hacer algo con él.

Ejercicio: enfrentando lo que duele

La culpa, el remordimiento y la vergüenza son sentimientos que desagradan, inquietan y no quisiéramos sentir. Ya vimos que son como alarmas que nos mueven a la acción y a desarrollar conductas pro sociales que nos acerquen a los otros, incluso a nuestro Yo ideal. Lamentablemente, muchas veces estos sentimientos se estancan y por más que buscamos cómo, no se desactivan. Este ejercicio está orientado a tomarte un momento de reflexión frente a esos sentimientos, reconocerlos, escucharlos, aprender de ellos y dejarlos ir.

- Busca un espacio donde puedas estar a solas unos momentos. Asegúrate también de apagar cualquier aparato que pueda distraer tu atención. Pensemos como mínimo 10 minutos. No suena mucho para algo tan importante, ¿no es así?
- Como en otros ejercicios te pido te sientes en una silla, pero esta vez podrías hacerlo en el piso. Como cuando vas a conversar con un amigo. Podrías hacerlo sentado en posición de flor de loto sobre tu cama, pero no te acuestes.
- Ahora imagina que a tu puerta llama lo que sea que estuvo llamando tu atención por un tiempo. Puede ser culpa, remordimiento o vergüenza. Imagina que llama a la puerta del sitio en donde te encuentras. Sé que quisieras que no entrara y te gustaría llamar a la policía de las emociones para que se lo lleve por torturarte, pero de nada sirve. Sabes que volverá. Así que gentilmente, pero con firmeza, dile que puede entrar.
- Imagina que se sienta frente a ti. La puedes imaginar como tú quieras; inicialmente como algo molesto, grande o monstruoso. A veces como algo pequeño y persistente. A mí me gusta imaginarlo como otro yo. ¿Cómo se ve un Tú con culpa, por ejemplo?

¿O con vergüenza? No podrás evitar juzgar esa emoción, pero sólo date cuenta de que lo que piensas de ella son juicios y no una descripción real. Deja entonces que se coloque frente a ti y quédense así mirándose suavemente unos segundos.

- Pídele ahora a ese sentimiento que te dé una tregua. Que te libere por unos minutos de sus efectos para escucharle con mayor atención. Quizá esto no sea un encuentro de una sola vez. Quizá por ahora ese sentimiento no esté listo para hablar contigo. Lo has ignorado y rechazado tantas veces que puede desconfiar de que ahora quieras escucharlo. Eso es normal. Asegúrale que quieres conocerlo y saber qué necesita de ti; qué necesita que hagas o dejes de hacer para desactivarse y descansar.
- Acepta lo que surja. Probablemente te haga reclamos violentos, te hable fuerte o no quiera ni mirarte a los ojos. Sólo asegúrale que estás aquí porque quieres escuchar, aprender y hacer cambios, pero necesitas de su ayuda para que te señale en qué dirección convienen esos cambios.
- Deja que te responda a su manera. Con palabras, con imágenes o una combinación de ambas. Que surjan otras emociones al mismo tiempo puede ser inevitable. Tal vez otras también quieran hablar. Pídeles que esperen su turno. Ahora sólo te ocupas de la que invitaste. Por ejemplo, pídele al enojo que espere su turno.
- Ya sea en el primer encuentro o en alguno subsecuente, escucha a ese sentimiento. Cómo se siente, por qué se siente así y qué te sugiere que hagan. No te justifiques, sólo escúchalo. No lo cuestiones, valida lo que te ofrece. Busca un aprendizaje en eso que no quieres ver.
- Finalmente haz un compromiso: tu puerta estará abierta cuando te busque y harás algunos cambios para que pueda por fin

desactivarse y descansar. Empieza por algo sencillo si es posible. Algo que te comprometas a cumplir. Quizá sea llamar a alguien, reconocer algo o cambiar un hábito que no te hace bien.

- Cuando sientas que han terminado este encuentro agradece a ese sentimiento y dile que te gustaría volver a reunirse para seguir conversando. Trata de hacer esto un par de veces por semana. Quizá diario al inicio, si es necesario. Despídanse y deja que se marche por ahora.

7

El proceso de sanar

Estos dolores que sientes son mensajeros. Escúchalos.

Jalaluddin Rumi

Una enfermedad claro que nos complica la vida, especialmente si se asienta en nosotros de manera crónica o progresiva. Yo he conocido muchas personas que a pesar de saber que padecen diabetes, comen lo que no deberían. Lo mismo le pasa a personas con gastritis o algún otro padecimiento donde hay recomendaciones médicas para no empeorar. Una vez una paciente llegó muy abatida al consultorio porque le habían diagnosticado diabetes:

—No me voy a cuidar, voy a hacer mi vida normal —me dijo.

—¿Qué es hacer tu vida normal? —le pregunté.

—Pues comer lo que yo quiera y hacer lo que yo quiera. No tener que estar tomando medicinas.

—Claro, la vida se trata de hacer lo que uno quiera, pero además lo que a cada uno le conviene. ¿Por qué no querrías cuidarte?

—No digo que no me quiera cuidar.

—Dijiste "no me voy a cuidar".

—Lo que quise decir es que no voy a obedecer a los "doctorcetes" esos.

—No claro, somos adultos y no tendríamos que obedecer a nadie, pero sí creo que el tomar la decisión de cuidarte es algo que te puede convenir.

—Sí, claro.

—Yo siempre he pensado que una vida "normal" implica dormir, comer y descansar de manera adecuada. También tener actividad física y algo de práctica espiritual de algún tipo. Por supuesto también una vida social plena, entre otras cosas. Llevar algún tratamiento en caso de desequilibrio de la salud y hasta usar lentes cuando ya no vemos tan bien. Tú, como yo, a veces usas lentes.

—Sí, es que de lejos ya no veo muy bien.

—Yo creo que si haces cosas anormales te puedes complicar la vida con esto de tu enfermedad.

—¿Cómo anormales?

—Sí; anormal es no comer lo que necesitas y te hace bien, no dormir lo suficiente, llevar una vida sedentaria y no seguir tu tratamiento. No tienes que obedecer a los médicos, sólo hacer lo que es normal en estos casos: sólo cuidarse.

—Quiero ver a un homeópata a ver qué me dice.

—No es mala idea una segunda opinión mientras hagas algo para estar bien y no te compliques la vida.

Entonces, el proceso de sanar pasa por buscar la cura, pero al mismo tiempo evitar complicarse la vida en el proceso. Si no adelgazas, cuando menos deja de subir de peso. *No te compliques*.

Por supuesto no me refiero a sanar sólo el cuerpo, que es muy importante. A veces también complicamos la vida empeorando una situación en vez de arreglarla. Muchas veces dejamos algo sin resolver por el temor de enfrentarlo y entonces todo empeora. A veces callamos cuando deberíamos hablar o hablamos de más, cuando convenía el silencio. Nos complicamos la vida sepultando nuestro dolor sin reconocerlo, como un niño que se tapa los ojos para no ver la realidad y a veces el resentimiento complica algo que podría haberse solucionado con el perdón o con dejar ir la relación que ya no conviene. Vamos juntos entonces a recorrer el camino de sanar o al menos evitemos complicarnos ese proceso.

El arte de dejar ir

Sólo pierdes aquello a lo que te aferras.
SIDDHARTA GAUTAMA—BUDA

A veces escuchamos personas decir "Ya suelta, deja ir" y de verdad suena muy fácil decirlo, pero nada sencillo hacerlo. Y no es que soltar sea muy complicado pero, para hacerlo hay que dejar de aferrarse a lo que sea. *Soltar es la meta, pero dejar de agarrar o cargar es el proceso.* Y tampoco es que esté mal aferrarse a algo, pero deberá ser temporal y transformador. Por ejemplo, aferrarse a una esperanza es buena idea, siempre que sea el vehículo que nos lleve a nuevas realidades; entonces al llegar a ese nuevo estado uno se baja y suelta la esperanza porque ha cumplido su función. Siempre se puede tomar otra esperanza para lo que siga, pero esa también deberá conducirnos a lo que buscamos. Vivir con base en esperanzas sin llegar a ninguna parte es estar a la deriva, vivir con base en ilusiones. Aferrarse a una roca en medio de un caudaloso río puede salvarte, pero tu esperanza no es vivir en esa roca, sino salir sano y salvo, ¿no es verdad?

La metáfora usada por excelencia que describe la sensación de algo que llevamos y no soltamos, es la de cargar una pesada piedra o una losa. Ese peso se siente, ya sea sobre los hombros o en el alma, y nos impide avanzar, nos fatiga y aplasta no dejándonos ser libres. Es verdad que lo que ha pasado y lo que nos decimos nos marca, de eso no hay duda. ¿Pero llevarlo a cuestas para qué? ¿Para quitarnos lo tontos? ¿Para ver si así aprendemos? ¿Para pagar alguna culpa? ¿Para cambiar el pasado? Es difícil hacer algo con lo que llevamos a cuestas, que no sea cargarlo. Para transformarlo primero hay que bajarlo, soltarlo, ver de qué está hecho y si es maleable o no. Luego preguntarnos a dónde lo llevamos, quién nos ha pedido cargarlo y qué esperamos que suceda al final de nuestro sacrificio. No digo que botes la piedra y le des la espalda, no siempre se puede y el que te lo diga quizá es porque la suya no era grande ni dura. Quizá la tuya tampoco, pero a lo mejor así la sientes o efectivamente lo es. La cuestión es que cargándola no es fácil tomar una decisión. Por qué no hacer un alto en ese camino y ver qué llevas, de dónde vienes y a dónde vas. Finalmente una piedra puedes llevarla sobre tus hombros y dejar que te aplaste o ponerla bajo tus pies, subir en ella y así mirar más allá de tus propios límites. Eso es tu decisión.

Ya en el capítulo anterior hablé de la historia personal y los secretos. Todos tenemos una historia que podríamos contar, escribir o representar de alguna manera. Las metáforas son una buena forma de hacer eso; son representativas y directas. Aun así, de alguna manera debemos encontrar cómo contar nuestra historia personal; la versión personal de nuestra vida. Una historia que sólo nosotros podemos contar. Quien diga que nos conoce "muy bien" podría contar muchas cosas, pero nunca los detalles, emociones e intenciones que tenemos al actuar como lo hacemos. Muchos juzgarán esas historias, sin duda, pero hasta eso tenemos que dejar ir. La expectativa de que todos estén de acuerdo o aprueben lo que contamos y lo que vivimos. Cuando hablamos con alguien y le queremos contar algo importante, a veces no sabemos cómo comenzar y le damos vueltas al asunto hasta que la otra persona nos dice "ya, suéltalo de una vez", que equivale a decir "ya, cuenta". Entonces las historias también se sueltan, se dejan correr para que se liberen y encuentren su camino y su lugar en la vida. Las historias encerradas son algo que también debemos dejar ir.

Hora de contar tu historia

La razón de la maldad en el mundo es que las personas no pueden contar sus propias historias.

CARL GUSTAV JUNG

No es que las historias siempre se oculten, a veces se cuentan sólo para uno mismo o se comparten con oídos que no saben escuchar. Estando consciente de que anteriormente dije que la historia era una narración llena de interpretaciones, no importa si nunca lo has hecho, o lo hiciste tantas veces que ya perdiste la cuenta: tu historia personal es tu historia y merece ser contada, escuchada y tomada en cuenta. Siempre que tú quieras y tengas la fortaleza para hacerlo.

No pocas veces he escuchado historias empezar con un "Esto nunca se lo he contado a nadie..." Y me alegra que lo hagan conmigo; finalmente el consultorio es un ambiente seguro donde la persona puede abrir las habitaciones más selladas sin temor al juicio, a la crítica o a que los fantasmas se liberen sin control. Aun así, no dejo de pensar en los años de silencio que han mantenido a esos hechos sepultados o contenidos bajo una lápida sin estar muertos. Cuando las historias no se cuentan, el pasado se vuelve como un zombi que se levanta de manera impredecible y macabra a perseguirnos y recordarnos que sigue vivo. Y no es que ese pasado quiera lastimarnos; por el contrario, te busca para que lo ayudes a quedarse en paz de una vez por todas y no tener que seguir vagando como alma en pena por los callejones de tu mente.

En una sesión de terapia un paciente, hombre de unos 36 años, me contó que había sido abusado sexualmente por una tía cuando tenía 11 años.

—Esto nunca se lo había contado a nadie —me dijo.

—Es decir que tus padres nunca lo supieron.

—No, nunca.

—¿Por qué?

—Porque es la hermana de mi mamá, a la que quiere mucho. Además, si lo contaba no sabía cómo iba a reaccionar mi papá y no quería causar un problema entre ellos.

—¿Te amenazaba?

—No, no con violencia creo. Me decía que no debería contarle a nadie porque si no a los dos nos iba a ir muy mal y a los dos nos iban a correr de nuestras casas. Que ese tenía que ser nuestro secreto y nadie más debía saberlo.

—"Los iban a correr de la casa". Eso me parece bastante violento como amenaza. ¿Y qué pasó con esa tía?

—Por ahí anda todavía.

—¿Aún la ves?

—Sí, claro, en las reuniones familiares y en Navidad por ejemplo.

—¿Qué sientes al verla? ¿Cómo es tu relación hoy con ella?

—No siento nada, creo. La evito, no estoy mucho cerca de ella y me limito a saludarla, pero nada más. Ya está grande y pues qué le voy a decir ahorita.

—¿Qué te gustaría decirle?

—Nada. Justo eso es lo que te digo, ¿qué le voy a decir?

—No sé. Si me estás diciendo qué le vas a decir, eso me hace pensar en que algo te gustaría decirle y quizá no encuentras las palabras. Además es muy interesante cómo dices "que no sientes nada".

—Pero ya está grande y eso pasó hace mucho.

—Sí claro, pero si me lo contaste fue porque algo pasó dentro de ti que te llevó a sacarlo ahora. No estoy diciendo que debas decirle algo a ella necesariamente, sólo creo que hay algo que quisieras o necesitas decir.

—A lo mejor lo mencioné porque me estabas preguntando por mi familia.

—Seguramente. No quiero presionarte para que digas algo que no sientes o sientas algo que, por ahora, no quieres o temas sentir. Sé que hay cosas que uno se cuenta antes de contárselo a alguien más.

—[De pronto cambia la expresión del rostro, que antes era muy contenida] Siento mucho coraje con ella. La odio porque todos la ven como una viejita buena y yo sé quién es. Ahora que lo recuerdo también me dijo que si lo contaba iba a parecer un marica al acusarla. Que cuántos quisieran tener una experiencia así y no tenía nada de malo porque yo era niño y no niña.

—No es para menos sentirte con ese coraje. ¿Por cuánto tiempo abusó de ti?

—Dos años creo.

A veces nuestra historia personal nos avergüenza o lastima tanto que la callamos por mucho tiempo. Y no es que haya que contarla en cada esquina, pero tampoco debería quedarse dentro echándose a perder en nuestro interior. Nuestras narraciones no sólo son escuchadas por otros cuando las contamos, sino por nosotros mismos. Escucharlas nos permite comprenderlas, complementarlas y encontrarles sentido y significado, especialmente cuando alguien nos acompaña en el proceso de indagar qué debemos comprender y no sólo hurgar inútilmente en el dolor. Para eso está un psicoterapeuta. Para crear un espacio de confianza donde esas narraciones encuentren un sentido y un lugar en la vida. Es verdad que quedarán cicatrices, pero ya no heridas abiertas que nos gangrenen el alma.

Un ejercicio para contar y transformar

Si por el momento no tienes a tu alcance ayuda terapéutica, hagamos un breve ejercicio que te ayude a darle forma a lo que te ha pasado y te sigue lastimando. Es otra forma de contar tu historia. Para eso necesitas de preferencia una barrita de plastilina, pero si no está a tu alcance y sientes que es momento de "contar" lo que quieras, entonces una hoja de papel y un lápiz, pluma o colores sirven. Sea como sea ten una hoja de papel a la mano y algo con que escribir. Busca un lugar donde estés a solas unos minutos y trabajemos con esto.

- Piensa en lo que te pasó y no has podido contar, o contaste pero te sigue lastimando. No debes centrarte en ningún detalle, sólo recordar el suceso.
- Ahora piensa: ¿A qué se parece lo que te pasó? Si tuvieras que darle forma, ¿cuál tomaría? Te pido que lo pienses primero, antes de moldearlo con la plastilina o dibujarlo en el papel. No es necesario que dibujes la escena, sólo que pienses lo que podrías moldear o dibujar y represente lo que te pasó. Hay personas que moldean o dibujan corazones rotos, cuerpos

humanos, cadenas, esferas con púas, una cabeza con colmillos, un fantasma o algo perdido. ¿A qué se parece eso que te pasó? Ahora sí, toma la plastilina o el papel y plasma la figura o símbolo que representa lo que te lastima.

- Una vez terminado, toma una hoja de papel y utilizando sólo un lado escribe una breve historia acerca de qué representa esa figura y qué pasó. Puedes empezar con algo como: "Este árbol de tronco retorcido es como mi vida, porque a pesar de tener raíces fuertes, la muerte de mi hijo fue como un huracán que me dobló y cambió el sentido de mi vida. La parte que no tiene hojas representa..." Escribe como si esa figura o dibujo fuera colocado en un museo y las personas leyeran una breve descripción de su autor para comprender la obra.
- Ahora toma la figura o el dibujo y la hoja con tu narración. Si te es posible coloca ambas en algún lugar de tu habitación a la vista. Si lo prefieres, guárdalas en un lugar privado que sólo tú conozcas. En cualquier caso, mantén todo así por una semana.
- A la siguiente semana vuelve a lo que creaste y a su narración. Mira la figura o dibujo mientras lees para ti en voz alta lo que escribiste en el papel. No reprimas ninguna emoción, pero tampoco la alimentes. Deja que aparezca lo que deba surgir.
- Ahora vamos a transformar. Piensa cómo podrías transformar eso que te lastima en algo que haga menos daño. No busco que pienses en algo "bonito" o "alegre", sino que te pueda inquietar un poco menos o te traiga algo de paz. ¿Cómo podrías transformar esa figura o dibujo? ¿En qué lo transformarías? ¿El corazón roto en uno unido, aunque con una cicatriz, o quizá ya no sea sólo un corazón sino una figura humana completa? La esfera podría perder sus picos o convertirse en una vasija. Del árbol de tronco retorcido podrías podar su follaje para hacer otra figura o transformarlo en una ofrenda para alguien ausente.

¿En qué crees que podrías transformar lo que lastimó para que duela un poco menos, que sea un poco distinto?

- Si usaste plastilina, modifica parcial o totalmente la figurilla. Haz algunos cambios, grandes o pequeños para que la transformación se lleve a cabo. Si fue un dibujo, modifícalo si te es posible o elabora otro en una nueva hoja. Toma en tus manos la transformación de tu presente.
- Al terminar, escribe nuevamente en una hoja de papel la historia de esa figura. Ahora puedes contar qué era antes, qué representaba y en qué lo transformaste. Algo como: "Este cuerpo es mío. Antes era un corazón roto porque alguien lo traicionó, era sólo una parte de mí y lo único que podía ver porque dolía mucho. Aún duele, pero no quiero ser sólo una parte lastimada de todo lo que puedo ser, por eso lo transformé en un cuerpo entero que es mi cuerpo y le puse los brazos extendidos porque..."
- Ahora sí, me gustaría que esta nueva figura o dibujo lo pusieras en una parte visible de tu habitación o tu trabajo. La narración la puedes guardar en un lugar privado, pero tu creación sí me gustaría la tuvieras a la vista por algún tiempo. El tiempo que tú quieras mientras sientas que te hace bien mirar lo que has hecho y lo que te lastimaba. De igual manera deja pasar una semana y lee en voz alta la nueva narración. Haz esto de vez en cuando durante las próximas semanas o meses. Por supuesto, puedes hacer cambios o ajustes si lo crees necesario. Lo importante es tomar tu vida entre tus manos y hacer con ella algo distinto. Escuchar tus historias y empezar a poner acentos en lo que cura y no en lo que enferma.

Tiempo de soltar

Cuando el barco empiece a hundirse, no reces: salta.
MAX GUNTHER

¿Soltar qué? Lo que no nos haga bien ahora, ni se prevea que lo hará en el futuro. Por hermoso que parezca o por mucho bien que en el pasado nos hizo. Algunos ejemplos de estas situaciones:

- Una relación con alguien.
- Una idea o creencia.
- Un sueño, meta o expectativa irrealizable o muy costosa.
- Algo a lo que te sientes obligado, que va contra tu voluntad.
- Una situación que se estancó.
- Algo del pasado que ya no cambiará.

¿Pero cuándo es tiempo de soltar? ¿En qué momento se debe dejar ir para no sentir que nos rendimos antes de tiempo? ¿Cuándo hacerlo para no sentir que no se amó si se hace demasiado pronto? No es sencillo responder estas preguntas porque eso depende de cada uno; de lo que aguante o lo que busque al aferrarse. Yo creo que si algo se mueve hacia un lugar de mayor paz, y lo hace a una velocidad razonable, bien podríamos sostenernos ahí por un tiempo en lo que cruzamos al otro lado. ¿Pero qué caso tiene sostenerse de una roca estática de manera indefinida? Incluso si estuviésemos pendiendo de ella sobre un acantilado, llegaría el momento que tendríamos que soltarnos. Recuerdo las escenas del 11 de septiembre en Nueva York durante los atentados a las torres gemelas. Particularmente me refiero a las desgarradoras escenas en donde algunas personas fueron fotografiadas o filmadas saltando al vacío desde alturas que garantizaban su muerte. ¿Es eso abandonar la esperanza? La esperanza de algo en particular quizá sí: la de salir con vida de ahí. Entonces esa esperanza se remplaza con otra, la de la libertad de tomar el rumbo de la vida en manos propias, así sea por unos breves y últimos instantes. Probablemente algunos al arrojarse tenían esa esperanza, otros quizá lo hicieron sin esperanza, en franca desesperación y algunos más confiando en un milagro. La misma decisión con alguna esperanza y con desesperanza cambia la experiencia. Por supuesto, aquella circunstancia fue extrema.

Entonces, el tiempo de dejar ir es algo parecido. ¿Cuánto tiempo sostendrías sin ninguna protección aislante en tus manos un sartén ardiente? ¿Para demostrar qué a quién aguantarías hasta tu límite hacer algo así? Entonces pienso que cuando algo lastima más que el bien que hace, y no hay esperanza razonable de un cambio o conlleva un precio muy alto, es momento de dejar ir.

Tuve un paciente que buscaba alcanzar una posición importante en su vida laboral. Trabajó, se preparó e hizo movimientos estratégicos en distintas empresas para lograr su objetivo. Durante 20 años lo tuvo en mente. Cuando llegó conmigo sentía una gran ansiedad porque, aunque se sentía muy cerca de lograrlo, el resto de su vida se desmoronaba. En su frenética búsqueda estaba perdiendo a su familia por abandono. Sus amistades eran más bien superficiales y a muchas las veía como competencia para sus fines. Su salud estaba fatal por el estrés y padecía hipertensión, diabetes e insomnio.

> *—Sé que esto me está destruyendo, pero he invertido tanto tiempo de mi vida en ello que ya no puedo dejarlo ir.*
>
> *—Pero me acabas de decir que el resto de tu vida se desmorona.*
>
> *—Ya lo sé, pero aun así ya no puedo detenerme. Estoy tan cerca de lograrlo...*

—¿De verdad? ¿Cuántas veces has sentido lo mismo antes?

—Ya sé que muchas, pero esta vez lo voy a conseguir.

—¿Aunque te destruya?

—Eso es lo que me atormenta, pero ya he pagado un precio muy alto, ahora no me quiero ir con las manos vacías.

—¿Qué te imaginas que va a pasar cuando lo logres?

—Sentiré una gran satisfacción por haberlo conseguido.

—¿Y luego?

—¿Y luego qué?

—Deja "correr la película". ¿Qué sigue de eso?

—Pues tener el reconocimiento y respeto de todos.

—¿Todos, quiénes?

—Pues los de la empresa. Los del medio. Mi familia.

—Pensé que a estas alturas ya lo tenías de tu familia, aunque es verdad que quizá ya lo estás perdiendo. ¿Qué sigue a eso?

—¿Cómo perdiendo?

—Dejemos eso por un momento. Antes dime, ¿qué sigue en tu película?

—No lo sé, pero no me voy a rendir ahora después de todo lo que he pasado.

—Nadie habló de rendirse. Pregunté qué sigue luego de lograr tu meta y obtener el respeto y reconocimiento de todos.

—Pues eso.

—¿Entonces, es lo que buscas?

—No. O sea sí, pero no es eso.

—¿Entonces, qué es?

—No sé. Demostrarme que puedo.

—Bien. Entonces cuando te demuestres que puedes, qué sigue. ¿Decir "pude"?

—Y sentir la satisfacción de haber podido.

—Creo que estamos dando vueltas. ¿Entonces estarías dispuesto a invertir otros 20 años para no perder los primeros 20 que ya invertiste?

—No, otros 20 no.

—¿Cuántos entonces? ¿Cuánto es tu límite?

—Si acaso otros 5 más.

—¿Pero si hoy no quieres "perder" 20, por qué querrías perder 25 si no lo logras? ¿Cómo sabes que te vas a detener ahí?

El paciente guardó silencio y sólo me miró.

—[Continué diciendo:] Entiendo que todo esto es muy importante para ti, pero creo que ya pagaste un precio muy alto. No es fácil decir "hasta aquí" porque eso implica dejar ir un sueño y empezar a hacer duelo por él. Pero nada debe terminar ahí. Conviene pensar de qué otras maneras puedes obtener reconocimiento, respeto y satisfacción además de cómo los buscaste. Siempre he pensado que lo que nos pida sacrificar nuestra propia vida es algo que no debe ser seguido, por bueno que parezca.

—¿Entonces debo renunciar a eso?

—A tus sueños no. Quizá sólo es replantearlos y redefinir la forma y los costos de alcanzarlos.

Y que esto no se malinterprete como abandonar los sueños o el recuerdo amoroso de alguien que se fue. Por el contrario, es disfrutar mientras se alcanzan esas metas, no sufrirlo. Es recordar con nostalgia, pero a la vez con alegría y gratitud lo vivido y no con resentimiento por lo que nos fue arrebatado. Aquellos que se arrojaron de las torres del World Trade Center no lo hicieron porque quisieran suicidarse, sino porque lo decidieron o no pudieron hacer otra cosa con sus vidas ante la situación en que se encontraban. Otros decidieron esperar otro final.

No es lo mismo decirnos "no puedo dejar esto" a "puedo dejarlo, pero decido no hacerlo". La verdadera libertad reside más en la segunda actitud.

Una vez tuve una paciente que a sus 76 años acabó la secundaria, a los 78 la preparatoria y a los 81 la carrera de Derecho. Sus nietos le decían que para qué estudiaba, a qué hora iba a ejercer. Ella les respondió que no buscaba ejercer, sólo titularse porque ese había sido su sueño de toda la vida. La diferencia es que ella no sufrió 50 años por eso, ni se pasó de los 76 a los 106 sin acabar de estudiar. Hizo lo que quería mientras sintió que era viable para ella. "Mi familia siempre fue lo más importante y si bien tuve que dejar de estudiar de niña cuando mi papá murió para ayudar a mi mamá a cuidar a mis hermanitos, nunca vi eso como un sacrificio", me dijo un día. No sufrió al retrasar sus sueños ni retomarlos cuando quiso.

Muy en línea con lo anterior, a continuación reproduzco un fragmento de una nota del diario ABC de España del 17 de marzo de 2016:

> *Una mujer de 91 años se ha convertido en una de las mujeres más ancianas en obtener un doctorado en Francia, después de completar una tesis comenzada tres décadas atrás. Colette Bourlier ha sido calificada con "alta distinción" por su trabajo, que defendió con éxito el martes, 15 de marzo ante un jurado de la Universidad de Franche—Comté en Besançon, al este de Francia.*
>
> *"Me llevó un poco de tiempo escribir porque me paraba a descansar de vez en cuando", aseguró Bourlier.*

Tres décadas en acabar la tesis. ¡Toda una vida! Ya sé que alguien podría decir que la hubiera acabado más rápido y se hubiera quitado de problemas, ¿no es así? O ya para qué la terminaba. Pero regresemos un momento a una pieza clave en esta nota: "Me llevó un poco de tiempo escribir porque me paraba a descansar de vez en cuando." Para ella esos 30 años no habían sido tanto y se tomó con calma escribir la tesis porque descansaba. No se pasó los 30 años en ansiedad escribiendo sin acabar. Tanto esta mujer de Francia como mi paciente que acabó la carrera de Derecho a los 81 años podrían haber soltado ese sueño, pero decidieron no hacerlo, a diferencia del paciente que sacrificó mucho por un puesto de trabajo. Él no podía soltar.

Tenemos entonces que distinguir entre necedad y perseverancia. El necio por definición es ignorante; avanza porque avanza y no le importa el costo o cuánto pueda lastimarse o lastimar. La perseverancia carece de esta ignorancia. El necio tiene un sólo objetivo y una sola forma de lograrlo. El perseverante también tiene una meta, pero muchas maneras de llegar a ella si la más evidente no funciona, incluso es capaz de modificar su objetivo por otro que le ofrezca resultados similares, o los mismos satisfactores, pero a costos más razonables. El precio de la necedad no es poco; se trata del pasar del tiempo que consume la vida misma.

Algo que también conviene considerar es el costo de dejar ir y claro que lo tiene. Es cierto que por una parte puede ser muy liberador, pero por la otra hay renuncias que pueden doler y mucho. No digo que en esta vida toda decisión complicada necesariamente deba doler, pero muy frecuentemente duele. No siempre podemos tenerlo todo y por reflexionada y balanceada que pueda ser nuestra decisión, siempre habremos de decir "no" a algo cuando decimos que "sí" a otra cosa. Eso también es parte de la experiencia humana y del pensamiento adulto y maduro;

tomar decisiones a pesar de las renuncias que implican cuando se busca un bien mayor o de mayor duración. Si te resistes a dejar ir porque buscas la manera de hacerlo sin que eso tenga consecuencias negativas, nunca soltarás. Es lo que llamo "la fantasía de cero consecuencias"; una fantasía imposible de realizar y que nos paraliza y complica la vida.

Entonces, creo que ha quedado claro: no es soltar por soltar, sino cuando lastima, cuando duele o el precio es demasiado alto. Soltar cuando se decide soltar y no esperar a que la vida nos lo arrebate y desgarre. Es el momento de dejar ir. ¿Qué señal del cielo esperas que te diga que es momento de hacerlo?

El perdón

El débil no perdona nunca.
El perdón es atributo de los fuertes.
MAHATMA GANDHI

El proceso de sanar también pasa por el perdón. El rencor y el resentimiento es quizá algo que también convenga dejar ir para no complicarnos la vida. Al menos para no tener un asunto inconcluso por ahí resonando de vez en cuando.

Olvidar no es posible, perdonar es complejo, y sin embargo con frecuencia escuchamos consejos que nos dicen, "perdona", "libérate de esa carga". Efectivamente, cuando alguien nos ha lastimado o hecho algo fuera de las expectativas que habíamos puesto en él, es que nos sentimos ofendidos, heridos y traicionados. Al cometerse la infracción o enterarnos de la falta, es como si la persona que hasta hace unos minutos era especial y querida por nosotros, de pronto se hubiese convertido en otra cosa, alguien capaz de lastimarnos y eso nos hace perder la confianza que sentíamos.

Cuando somos lastimados siempre tendremos la prerrogativa de romper la relación que teníamos con un amigo, una pareja, un padre o hermano. ¿Pero habría que ser siempre tan tajantes? Ya hablamos de cómo nuestra tendencia natural es restaurar nuestras relaciones con otros cuando algo ha pasado; la culpa, el remordimiento y la vergüenza nos mueven al cambio para acercarnos a otros o no alejarnos de ellos. Claro que al momento del dolor inicial nuestro pensamiento primitivo de "todo o nada" se apodera de nuestra mente y queremos condenar al infractor al pozo más profundo del olvido, pero eso es actuar por impulso. De proceder de esa manera nos quedaríamos en poco tiempo muy solos, porque generalmente las personas que queremos no cumplirán todo el tiempo nuestras expectativas ya que no pueden, quizá no quieren o no están para eso en este mundo.

Ahora bien, es verdad que se puede llevar el resentimiento y el rencor por años, aun cuando el tiempo ha pasado y el infractor pudo transformarse. ¿En ese caso, buscamos justicia o venganza? Veamos un breve cuento anónimo de la India que refleja esta idea en una historia de la vida de Buda:

> *Buda, el iluminado, era un hombre de gran sabiduría y realizaciones espirituales. Respetado y admirado por muchos, impartía sus enseñanzas a sus discípulos. Entre ellos estaba su primo Devadatta, quien siempre había estado celoso del maestro. Tal era su estado mental que un día planeó matarlo y así quedar él como el nuevo maestro a cargo de los discípulos.*
>
> *Cierto día que el Buda salió a meditar, mientras caminaba, Devadatta fraguó un plan. Arrojaría una pesada roca desde la cima de una colina por donde el Buda habría de pasar; así sería como lo mataría. Llegó el día y todo iba*

como Devadatta lo había planeado. Se apostó en lo alto de la colina y al paso del maestro le arrojó la pesada roca. Para su mala suerte, la roca no dió en el blanco y además el Buda se percató de todo y vio a su primo cometer esa acción. A pesar de esto, el maestro prosiguió con su meditación como si nada hubiera pasado.

Días después, el Buda se cruzó con su primo y lo saludó afectuosamente. Muy sorprendido, Devadatta preguntó:

—¿No estás enojado conmigo, maestro?

—No, ¿por qué habría de estarlo? —respondió el Buda.

—Tú sabes lo que intenté hacer, ¿por qué no estás enojado?

—Porque hoy, ni tú eres el que arrojó la roca aquel día, ni yo soy el que estaba allí cuando fue arrojada. —dijo el Buda.

En uno de los discursos del Buda, el Sutra del Loto, éste reveló que Devadatta alcanzaría la iluminación, lo cual fue resultado de su arrepentimiento y posterior desarrollo espiritual, ya libre de la envidia que lo condujo a aquel acto. Devadatta cambió.

Esta historia nos deja ver con claridad algo que cuesta mucho aceptar cuando se trata de nosotros. ¿Hasta dónde llevar el resentimiento cuando alguien toma conciencia de que nos ha lastimado, pide perdón y busca reparar la relación? Cuando buscamos castigo o venganza sobre alguien que nos ha lastimado, ¿a quién castigamos en realidad? ¿A aquel que era cuando nos lastimó o al que hoy se presenta arrepentido y dispuesto a reparar? La persona que nos lastimó siempre estará en el pasado.

Por supuesto que siempre la falta de conciencia y arrepentimiento del otro, o la repetición de la acción que nos lastima, puede ser algo que imposibilite el perdón o la reconciliación con el otro. Nuestra tarea primaria es ponernos a salvo del que nos lastima.

Quien nos ha lastimado debe cesar la conducta que daña antes de sentarse a hablar con nosotros.

¿Entonces qué es el perdón?

Es una decisión que se toma desde un estado de fortaleza interior y convicción. Desde la certeza de que somos capaces de poner límites cuando alguien nos lastima y eso puede hacerse también con el reincidente, que pide ser perdonado y no cumple los acuerdos. Perdonar es reconocer que algo pasó, que el otro está en falta y en deuda con nosotros por su acción y aun así renunciar a ese cobro por nuestro propio bien. Perdonar podría resumirse en esta frase:

"Me la debes, pero yo decido que no me la pagues."

Declarar algo como lo anterior no puede hacerse si lo más importante es que el otro aprenda, que reciba su merecido por lastimarnos o que se haga justicia en vez de estar en paz. Y no digo que no se deban buscar estas cosas, aunque se perdone a alguien eso no lo libera de las consecuencias de sus actos, pero no pocas veces debemos elegir entre aferrarnos a un resultado o buscar lo mejor dadas las circunstancias. Yo frecuentemente sostengo que *a veces hay que renunciar a la búsqueda de justicia para obtener la paz.* Y no es la paz con el otro, sino con uno al liberarnos de esa cuenta pendiente. Eso sí, se perdona una vez y luego, si hay reincidencia, estamos en todo el derecho de declarar por terminada nuestra relación con esa persona. A esto me refiero también con la fortaleza necesaria.

El doctor Frederic Luskin, director del "Proyecto para el perdón" de la Escuela de Medicina de la Universidad de Stanford afirma:

El perdón puede definirse como la paz y entendimiento que resulta de rebajar la culpa de alguien que te ha dañado, tomando esa acción de manera menos personal y siendo consciente del costo de guardar rencor... es reconocer que, aunque lo que pasó no estuvo bien, cada uno quiere seguir adelante con su vida y vivir en paz.

¿Por qué nos cuesta trabajo perdonar?

Hay creencias erróneas acerca de lo que es el perdón y eso puede comprometer nuestra libertad para tomar esa decisión y complicar nuestra vida.

Perdonar no es olvidar lo ocurrido; de hecho si la ofensa fue seria, o ha sido recurrente, más nos vale no olvidarla para guardar en nuestra memoria un aprendizaje acerca del hecho y plantearnos cuál es la lección aprendida y la acción a tomar para evitar que nos ocurra algo similar en el futuro. Perdonar no es minimizar tus emociones ni el hecho en sí. Lo que pasó es tan importante como el dolor que experimentaste a raíz de él. Que nadie te diga que "no es para tanto" cuando para ti sí fue importante lo ocurrido. Incluso ese famoso "no es para tanto" es aún más ofensivo y doloroso cuando viene de labios del infractor. Perdonar tampoco es estar de acuerdo con el otro o con lo que pasó; el hecho de que tú hayas decidido liberarte de esa deuda o de tus deseos de venganza, no significa que apruebes lo que el otro hizo. Perdonar no te hace cómplice del que has perdonado ni del hecho que te lastimó.

Perdonar, como ya dije, no es igual a justicia, pues no libera al otro de la responsabilidad y consecuencias de sus actos; puedes perdonar y aun así pedir un castigo para el infractor. Incluso perdonar y no reconciliarte con el otro; no hay nada de malo en no querer a ver la persona que hemos perdonado, especialmente si sentimos que estamos en riesgo cerca de ella. Pensemos el caso de un abuso sexual, maltrato físico o psicológico, incluso una secuela permanente de un acto, incluso accidental.

Otro obstáculo que nos impide perdonar es tomarnos las cosas demasiado personal. Debemos entender que la gran mayoría de las veces el otro, al ejecutar el acto que nos lastimó, busca algo que quiere o necesita y pocas veces piensa en las consecuencias que en nosotros tendrá su acción. Es decir, no actúa con la intención de lastimarnos, pero sí con la de beneficiarse de manera irresponsable. En este caso no debemos ser nosotros quienes carguemos con las incompetencias de los demás, sea una pareja, nuestros hijos o nuestros propios padres. A veces quien nos hiere es una persona muy poco empática con el dolor ajeno.

Lo imperdonable

Hay personas que no pueden perdonar porque argumentan que lo que les pasó es imperdonable. ¿Pero de verdad hay algo que no se puede perdonar? Para mí lo imperdonable es algo que nunca, nadie, en ningún tiempo pasado, presente o futuro, podría perdonar. Se nos pueden ocurrir muchos ejemplos de cosas imperdonables, ¿pero, por qué nos parecen así? Seguro piensas en un asesinato o violación como algo que nunca perdonarías, lo entiendo. Pero justo ahí está la distinción, no creo que haya nada imperdonable, sino cosas que cada uno no puede perdonar. No porque no se pueda, sino porque no se tiene la fortaleza para hacerlo.

Un reportaje de la BBC, publicado en español por la BBC Mundo, nos permite asomarnos a un hecho que a muchos les parecerá imposible, pero no ha sido el único y estoy seguro que no será el último. El título en sí mismo ya dice mucho *El asesino de mi hermano es ahora mi amigo*, una historia de reconciliación en

Estados Unidos. En este caso ya no sólo se habla de perdón, sino de reconciliación y amistad. La historia habla acerca de un joven de 19 años (Bo Taylor) que en 1984 fue asesinado de un tiro a manos de otro de 24 años (Ronald Fields) que fue condenado a cadena perpetua y liberado después de 32 años, seis meses y 11 días en prisión. ¿Por qué? Porque la hermana de Bo, Denise, pasó los últimos 11 años ayudando a que Ronald fuera liberado. Lo mismo hizo el padre de Bo, Jim. Perdonar así es algo que sólo hace el 1% de las víctimas, nos cuenta el reportaje. El resto no sólo no aboga por el ofensor, sino hace lo que sea necesario para hundirlo más. Por supuesto que conocer los detalles del caso nos haría formarnos una opinión y decidir si estamos de acuerdo con esta actitud o si la familia de Bo está loca. El reportaje habla de la familia de Bo: "Se convencieron de que está completamente arrepentido y de que ya pagó suficiente condena." Podemos darnos cuenta de que para la familia las circunstancias del crimen no son tan relevantes como la actitud de Ronald. Está arrepentido y ha pedido perdón. La primera vez que Denise visitó en la cárcel a Ronnie, como cariñosamente lo llama ahora, fue tras 21 años convicto. Ronald le dijo a Denise: "Estoy arrepentido de lo que te quité. Me agobia haberte causado este dolor." ¿Recuerdas lo dicho en el capítulo anterior? Arrepentimiento más malestar profundo es igual a remordimiento. El remordimiento nos lleva a reconocer la falta ante quien hemos lastimado, lo que se traduce en culpa y ésta nos mueve a reparar; no en este caso la vida de Bo, que no tiene retorno, sino la relación de Ronald con la familia de su víctima. El perdón así es posible.

Si tienes curiosidad buscarás el reportaje que te menciono y te formarás una opinión. Quizá digas "con razón" o "pues yo no hubiera perdonado". Ninguna actitud es buena o mala, sólo es una decisión personal. El hecho no puede ser borrado: Bo está muerto,

Ronald lo mató y no fue en defensa propia. Y a propósito no voy a dar más detalles de la historia porque lo que quiero resaltar es que a veces lo que parece imperdonable, puede ser perdonado.

La maldad de la venganza

Pero, ¿qué sucede cuando no perdonas y además buscas que el otro sufra más de lo que te hizo, cuando buscas venganza (a veces disfrazada de justicia)? Imaginemos el mismo caso, pero con otro desenlace. Ronald mató a Bo, pero no quería matarlo (ni siquiera sabemos si quería matar a alguien); aun así lo que hizo le produjo la muerte. Si la familia de Bo hubiera buscado venganza, pensemos que hubiera querido matar a Ronald o a un familiar de éste y que lo hubiera conseguido para "estar a mano". ¿Habrían estado a mano? Seguramente no. Ronald mató a Bo sin tener la intención de matarlo por ser él. En el caso de la venganza, la familia de Bo habría matado a Ronald por lo que hizo y por ser él quien lo hizo. Eso es totalmente personal, dirigido y con una intención aún peor que la de la otra persona. La venganza puede ser un acto muy ruin disfrazado de justicia. En realidad nos habla mucho de lo que el vengador es capaz de hacer y de sus creencias y valores más profundos.

Lo mismo aplica para una infidelidad. Cuando alguien engaña a su pareja la intención no suele ser esa, sino buscar algo para sí de manera poco ética y empática. Difícilmente alguien piensa "yo no estoy de acuerdo con la infidelidad ni quiero cometerla, pero como quiero lastimar a mi pareja voy a hacer algo que vaya contra mis valores". Así no funciona eso. En cambio, si alguien es infiel por vengarse de otro que primero lo fue, ya tiene la intención de dañar al otro; una vez más se hace personal y es mucho más ruin. ¿O será que quien se vengó con la Ley del Talión aprovechó la circunstancia para hacer algo porque quería hacerlo y no se atrevía?

Si piensas en vengarte piénsalo dos veces. La venganza nos dice mucho más de ti que todo lo que haya hecho quien originalmente te lastimó.

¿Si no perdono soy una mala persona?

No necesariamente. Todas las religiones valoran el perdón, pero muy pocas lo colocan como una obligación para la salvación del alma o la redención de los pecados. El perdón es una decisión, no una obligación. El perdón, cuando es obligado o impuesto, supone una revictimización de la persona al hacer algo que no quiere ante quien la ha lastimado. Como cuando éramos niños y nos obligaban a perdonar sin validar nuestro sentir para vernos como "buenos".

También hay quien afirma categóricamente que si no perdonas, te va a dar cáncer. Es verdad que hay claros vínculos, demostrados científicamente, entre resentimiento y salud, como alteraciones en el sistema inmunológico, tensión corporal, estrés y sus efectos, pero hasta el momento no conozco ningún estudio serio que establezca una correlación directa entre resentimiento y cáncer o entre perdón y cura de esta enfermedad. ¿Y entonces, por qué hay personas que afirman que no perdonar provoca cáncer? En general encontramos personas que tienen cierta afiliación religiosa y utilizan esta creencia como el mito del infierno: es un engaño para obligar a alguien a comportarse de cierta manera. Por supuesto que si un día la ciencia demuestra más allá de toda duda que no perdonar produce cáncer, tendríamos que actualizar este párrafo y mucha de la literatura médica existente.

Lo que sí podemos encontrar son otras evidencias médicas. Por ejemplo, un estudio publicado en 2008 en el *Journal of Behavioral Medicine*, por la doctora Stoia—Caraballo *et al,* encuentra una correlación positiva entre resentimiento y mala calidad del sueño. Especialmente en lo que se refiere a horas y calidad del sueño, y fatiga diurna derivada de lo anterior. Esto parece estar ligado a un círculo vicioso donde el insomnio lleva a rumiar, y ambos estados conducen a depresión y ansiedad.

Otro estudio, realizado en la Universidad de Ginebra por el doctor Schmidt y publicado en el *International Journal of Aging and Human Development* en 2012, expone que cuando hay resentimiento no sanado, o remordimientos por la falta de perdón hacia uno mismo, también afecta la calidad del sueño en personas de 51 a 98 años, en lo que se denomina "resentimientos o remordimientos nocturnos". Hay otros estudios que encuentran correlación positiva entre resentimiento, depresión, ansiedad y estados de estrés crónico.

Entonces, si perdonamos no es por ser buenas personas, lo hacemos porque nos evita complicaciones de salud, psicológicas y, por supuesto, a nivel interpersonal, sentirnos bien en nuestras relaciones sociales. Perdonar y pedir perdón son también actos pro sociales. A nivel intrapersonal, promueve mejores hábitos de salud, mejor calidad del sueño y mayor estabilidad emocional.

¿Cómo y cuándo conviene perdonar?

Perdonar es una decisión personal, pero hay un par de teorías psicológicas aplicables al tema del perdón. Una aconseja perdonar y la otra recomienda no hacerlo, al menos de inmediato.

Teoría de la reciprocidad: Dice que si perdonas, creas en el otro una sensación de que algo te debe y por lo tanto tenderá a ser "bueno" contigo porque tú fuiste bueno con él.

Teoría del aprendizaje operativo: Dice que el comportamiento sólo cambia a través de las consecuencias y que si perdonas impides el aprendizaje y esa persona te volverá a lastimar.

En realidad parece que la teoría de la reciprocidad suele ser muy aplicada, pero a muchos les parecerá a simple vista que definitivamente no funciona porque el otro nos va a "agarrar de puerquitos". Puede ser cierto, pero justo por eso es importante la capacidad de desarrollar límites sanos. Entonces, no es necesario adherirse a una u otra teoría como si una fuera correcta y la otra no. Creo que la decisión dependerá de las circunstancias y el tipo de falta. Veamos dos modos de perdonar:

Perdonar de inmediato:

Esto conviene para ofensas menores o de primera vez. Se debe mostrar al otro lo que hizo, cómo te afectó, lo que esperabas en lugar de lo que pasó y el hecho de que decidiste perdonarlo (para activar con esto la reciprocidad). Si necesitas que el otro haga algo para sentir que se hace cargo de su falta, pídelo ahora. Esto también abre la posibilidad de que el otro repare de alguna manera su falta.

Retrasar el perdón:

Esto es más conveniente para ofensas mayores o repetidas. Se trata de hacer ver al infractor su comportamiento y de qué manera te ha lastimado. Recuérdale concretamente que ya en el pasado ha hecho lo mismo (si es el caso), buscando ser específico y dando ejemplos concretos de esto. Dile las consecuencias que tendrá en la relación si su comportamiento se repite. Dile también cómo necesitas que se haga cargo de su acción y qué debe hacer para que vuelvas a tenerle confianza y darle el perdón. No hagas esto indefinido con un "pues a ver si te perdono", sino establece reglas o plazos concretos y clarifica qué sucederá en ese plazo. No es nada más dejar que pase el tiempo.

Obvio, si el otro no admite su falta, no se muestra arrepentido o ni siquiera pide perdón, quizá es momento de tomar otras decisiones que involucren establecer límites y fronteras distintos. Incluso replantearse la relación podría resultar adecuado en un caso así.

¿Qué se necesita para perdonar?

Sin perdón no hay futuro, pero sin confesión
no puede haber perdón.
DESMOND TUTU

Eso depende mucho si, además del perdón, se quiere la reconciliación. Reconciliar es restablecer una relación o apaciguar los ánimos y sentimientos lastimados entre dos personas o grupos. A veces esto no es posible porque el agresor nos sigue lastimando, el agresor no busca la reconciliación o simplemente no estamos dispuestos, por dignidad u orgullo, a restablecer una relación con quien nos ha lastimado. Otras veces ya no hay contacto con la persona que nos ha lastimado o lastimamos, así que la reconciliación tampoco es posible de manera concreta y habría que hacerlo de forma simbólica. Ya vimos en el punto anterior dos formas de perdonar, veamos ahora algunos pasos que nos ayudan a pedir perdón y luego un ritual para pedirlo u otorgarlo de manera simbólica.

El perdón buscando la reconciliación

Para ello el ingrediente principal es que la persona que lastimó reconozca su falta de manera explícita. Necesita pedir perdón y detener su conducta de inmediato.

Una vez un señor le fue infiel a su esposa. Cuando ella lo descubrió estaba muy lastimada y enojada. Confrontó a su esposo y él terminó por reconocer la falta. Cuando ella le dijo que lo primero que le pedía es que ya no viera a su amante, él respondió: "No me pidas eso, por favor, danos un tiempo para irnos despidiendo poco a poco." La relación evidentemente acabó en divorcio.

A continuación te ofrezco una propuesta para estructurar adecuadamente un encuentro donde pidas perdón a alguien por una falta.

Pasos para pedir perdón

Estos pasos son apropiados cuando tú eres la persona que ha lastimado y desea el perdón y la reconciliación con quien ha herido.

1. Detén la conducta que lastima.
   - Puedes pedir perdón a alguien por haberlo pisado, pero no por seguirlo pisando y no sólo no hacer algo para mover el pie, sino incluso recargarlo con más fuerza.
   - Detener la conducta debe llevarse a cabo incluso antes del encuentro donde vas a pedir perdón.
2. Reconoce la falta cometida y pide perdón.
   - No podemos aspirar a ser perdonados si no admitimos la falta. Debe haber una confesión; un reconocimiento de la responsabilidad.
   - Lo ideal es hacerlo de viva voz, frente a frente y mirando a los ojos a la persona lastimada. "Te pido perdón por haberte mentido, no era mi intención lastimarte..." Clarificar que no era tu intención es muy oportuno en este paso.
   - No te justifiques de ninguna manera, sólo admite tu falta. Evita frases como "Pues qué querías que hiciera", "no me quedó

de otra" o "me dejé llevar". Eso infantiliza tu postura y hace parecer que evades parte de tu responsabilidad en el hecho.

3. Muestra arrepentimiento.
    - Esto lo tienes que hacer verbal y no verbalmente. Tu postura corporal debe ser acorde con la manera en que te sientes y no fingir superioridad o desinterés. Evita una actitud de aparente prisa.
    - Verbalmente puedes decir algo como: "Me siento muy mal por lo que te hice, lastimarte hace que me sienta muy enojado conmigo..." No sólo te arrepientes de la acción, sino de su efecto. Recuerda que ya hablamos del remordimiento.
4. Reconoce el daño hecho.
    - Lo peor que podrías hacer es minimizar los efectos de lo hecho con un "ya, ya, no es para tanto".
    - Trata de imaginar cómo se sintió la otra persona con tu acción y dile algo como: *"Entiendo, debes estar muy enojado y decepcionado por lo que hice. Sé que con esto te he causado un gran dolor, no ha sido esa mi intención."* No tienes que usar un "yo en tu lugar me sentiría igual", simplemente dile a la persona cómo crees que debe sentirse con lo que pasó.
5. Repara u ofrece reparar si es posible.
    - Si es posible resarcir de alguna manera la falta, di que lo harás. Si robaste, restituye. Si mentiste, di la verdad. Si transgrediste la confianza, ofrece acciones que puedan restablecerla. Todo esto hazlo de común acuerdo con la persona lastimada y no como una imposición porque creas que así todo estará bien.
    - Si no es posible reparar las consecuencias, busca recomponer la relación con cambios de conducta o actitud observables y que ambos acuerden seguir. A veces este proceso de sanar incluye responder algunas preguntas que la persona

lastimada quiera hacerte para comprender lo que ha pasado y por qué sucedió. Recuerda, explica, pero no te justifiques y mucho menos mientas en esto.

6. Vuelve a pedir perdón y no lastimes de nuevo.
   - Una vez más expresa tu petición de perdón, ofrece y cumple con que eso no volverá a ocurrir y si no puedes garantizarlo, busca ayuda profesional y hazlo saber al otro. A veces la impulsividad, las adicciones o las conductas abusivas tienen raíces profundas y no basta la intención o buena voluntad para cambiar.

¿Estos pasos garantizan el perdón o la reconciliación? Por supuesto que no, pero los hacen más probables si tienes además la actitud adecuada. A pesar de esto, el otro puede decidir que no puede o no quiere perdonar. No puedes obligarlo a pesar de haber hecho todo esto, pero aun así haces lo correcto. Si alguien aplica contigo estos pasos, asegúrate de que realmente sientas al infractor genuinamente arrepentido, avergonzado y dispuesto a cruzar por el largo sendero de reconstruir la confianza entre ustedes.

El perdón de manera simbólica

En caso de que la persona a la que quieres pedir perdón esté ausente de tu vida o no convenga reunirse con ella por el momento, entonces lo que procede es elaborar un ritual que nos permita redimir la falta cometida y quedar en armonía con nuestra humanidad, dejando ir lo que ya de por sí se ha ido. Pero recuerda, perdonar al que te sigue lastimando de manera activa no es algo realista. Toda agresión debe cesar antes de buscar perdonar o ser perdonado. Al final de este capítulo encontrarás un ejercicio ritual para el perdón.

¿Y si el otro no me quiere perdonar?

Está en todo su derecho. Incluso puede perdonarte y no querer la reconciliación. Hay personas que insisten en ser perdonadas porque la relación les es muy importante. Parejas, hijos, padres y hermanos son figuras que nos duele lastimar y de las que no queremos separarnos. En este caso, algunas veces tendremos que dejar ir una relación que ya no puede ser reparada y empezar un proceso de duelo. Otras veces lo que conviene es poner la relación en un "estado de coma inducido".

Hace años conocí a una mujer separada de su esposo. Fue un tanto complicado y la familia, compuesta por tres hijos adolescentes, también se había fragmentado. Las dos hijas se habían quedado al lado de su madre y el hijo con su padre. Este último quedó muy afectado por la separación y resentido con su madre, a quien culpaba de todo lo malo que le ocurría a su familia. Adoptó una actitud muy hostil hacia ella, insultándola cada vez que se encontraban. Aquella mujer estaba muy dolida por todo eso y las palabras hirientes de su hijo le hacían sentir una tremenda culpa, pero de algo estaba segura: ella debía insistir en que su hijo la perdonara y si el precio era soportar sus insultos y humillaciones, estaba dispuesta a pagarlo. "Es mi hijo y no lo puedo abandonar", me decía.

—¿Cómo vas con tu hijo? —le pregunté un día.

—Mal, cada vez está peor y más agresivo conmigo —me contó.

—¿Lo sigues buscando diario?

—Sí, no puedo rendirme. Comprendo muy bien que esté tan enojado conmigo.

—¿Entonces, te sigue insultando y ofendiendo?

—Sí, ahora no me baja de una cualquiera y el otro día me mentó la madre y me colgó el teléfono. Mira, aquí tengo unos mensajes, todos llenos de insultos.

—¿Y qué vas a hacer?

—Pues seguir insistiendo hasta que me escuche y me perdone.

—Pero dices que va de mal en peor.

—Pue sí, pero soy su madre y no me puedo rendir. Sé que mi hijo está sufriendo y no voy a dejar de buscarlo.

—Sí, claro, pero no sé si insistir de esa manera dé resultado. Incluso puede ser perjudicial para él a la larga.

—¿Cómo perjudicial para él?

—Si mientras más insistes más te insulta, entonces muy probablemente un día tendrán alguna conversación. No sé cuándo ni cómo, pero muy probablemente la tengan, entonces todos esos insultos y ofensas serán los mismos motivos que tendrá para avergonzarse contigo cuando sea consciente de lo que hace. Será difícil para él perdonarse luego de todo esto.

—No lo había visto así, ¿pero qué puedo hacer? El otro día me dijo que ojalá me muriera y que si eso pasa le va a dar lo mismo porque para él yo estoy muerta.

—Eso es lo que habría que evitar, que su relación se muera. Ahora mismo está muy enferma, pero no muerta, aunque parece que no le falta mucho. ¿Por qué no la pones en un "coma inducido"?

—¿Un qué? ¿Qué es eso?

—Es una metáfora. Mira, en ciertas ocasiones cuando hay una lesión cerebral, los médicos toman la decisión de poner en un coma artificial a un paciente para evitar mayores lesiones. Eso pone al cerebro en un estado de sedación

profunda para protegerlo y darle tiempo a recuperarse y no empeorar. Cuando las condiciones mejoran lo sacan del coma y evalúan cómo está. No siempre se puede aplicar este procedimiento porque es muy riesgoso, pero es una medida extrema cuando la cosa es grave. ¿Esto garantiza que el paciente se salve? No en todos los casos, pero a veces vale la pena intentarlo y en muchas ocasiones el resultado es bastante favorable.

—¿Y eso qué significa en mi caso?

—Pienso que si sigues insistiendo en buscar a tu hijo cuando no está listo para hablar contigo o llevar una relación más sana, las cosas van a empeorar. Su relación está muy enferma y quizá convenga ponerla en este coma.

—¿Y cómo haría eso? ¿Me estás diciendo que ya no lo busque? Eso sí que va a matar nuestra relación.

—No. Pienso que debes espaciar tus mensajes y llamadas. Avísale que ya no serás tan insistente. Luego, búscalo, de preferencia sólo por mensaje una vez al mes y en ocasiones especiales como cumpleaños y ahora que se acerca la Navidad y el Año Nuevo. Mándale un mensaje para hacerle saber que estás disponible para él cuando quiera acercarse. Seguro te va a responder con las mismas groserías por un tiempo, pero tú hazle saber que estás presente sin ser tan insistente. No esperes una respuesta favorable en el corto plazo. Su relación estará en coma inducido, pero con la esperanza de que en el futuro se salve.

—No sé si podré.

—No es fácil, pero no se me ocurre otra cosa que sea más conveniente por el momento. Es tu decisión.

Pasaron poco más de cuatro años desde aquella conversación. No supe de ella todo ese tiempo hasta que un día nos encontramos en una reunión. Le pregunté qué había pasado con su hijo. Me dijo algo como esto:

> *Te quiero dar las gracias por lo que me dijiste ese día. Te confieso que no me gustó aquella idea tuya del "coma" ese y no te hice caso. Seguí buscando a mi hijo todos los días por un par de meses más. Tenías razón, las cosas empeoraron y acabó hasta amenazándome y burlándose de mí cuando me escuchaba llorar. Me decía que disfrutaba mucho hacerme sufrir. Estaba desesperada y decidí contra mi voluntad empezar con eso del coma. Me sentí la peor de las madres, pero lo hice. Le mandaba los mensajes cada mes y me volvía a contestar muy grosero ¿Sabes cuánto tiempo pasó? ¡Dos años! Dos años sin que me quisiera ver ni escuchar. Pero un día pasó algo distinto. Dejó de escribir groserías; estaba muy seco, pero ya no grosero. El corazón me dio un vuelco de alegría porque me dije "ya nos estamos aliviando". El caso es que en un Día de las madres me llamó para felicitarme y decirme que si nos podíamos ver para platicar. Lo hubieras visto, estaba tan arrepentido y lloraba pidiéndome perdón. No sé qué lo hizo cambiar, pero ahí estábamos. Al principio fue raro, pero poco a poco empezó a ir a comer a mi casa, también se reconcilió con sus hermanas y ahora tenemos una estupenda relación. Sigue viviendo con su papá, pero hoy ya platicamos mucho. Estoy conociendo a este hijo que ahora es casi un adulto. Ya tiene 20 años. ¡Qué rápido!*

Un "coma inducido" puede ser ese último recurso. Tomar cierta distancia para evitar lastimar y ser lastimado, para tener una esperanza de un futuro distinto cuando las condiciones, el estado de ánimo o la madurez hagan su trabajo. No quiero ser demasiado optimista con esto. Algunas veces funciona y otras veces, como el verdadero coma inducido médico, ni esto salva de la muerte a una relación. Por supuesto que siempre habrá algunos efectos secundarios. Si ni el coma funciona, entonces sí puede ser momento de dejar ir y empezar el proceso de duelo.

Finalmente hablaré de las personas que no perdonan porque así obtienen ganancias secundarias. Se dedican a recordarte lo malo que fuiste y cómo no pueden ser felices por tu culpa. Acto seguido, te exigen algo como pago de tus pecados. Quizá bienes materiales, atención, incluso servilismo. Es verdad, cometiste una falta, incluso grave, pero no te compliques la vida buscando el perdón de quien no tiene la intención de darlo. No eres un genocida y el otro no es tu amo. Es verdad que debes hacerte cargo de reparar la falta si es posible, pero si lo que el otro pide es que vivas de rodillas el resto de tu vida para otorgarte un perdón descafeinado, quizá lo mejor sea ponerse de pie y marcharse con dignidad.

El perdón para uno mismo

Cuando imparto mi taller *El poder del perdón* muchas personas acuden pero con la intención de perdonarse. Generalmente quien busca esto es porque siente mucho remordimiento o vergüenza. Se sienten las peores personas. Sin embargo, les hago ver que ese profundo estado de malestar que los llevó a buscar ayuda es su alarma interna que aún funciona y les mueve a hacer algo para repararse. Esas son, de entrada, buenas noticias.

El secreto con el perdón a uno mismo consiste en comprender una sola idea que es muy poderosa: uno no puede perdonarse porque lo hecho no lo hiciste este Tú de hoy, sino un Tú del pasado. ¿Recuerdas la historia del Buda y su primo envidioso? Al igual que él, el Tú del pasado se dejó dominar por las emociones y sentimientos de manera descontrolada. Aquel Tú actuó desde la impulsividad, la ignorancia o la incompetencia, pensando que su acción acabaría por tener buenos resultados; quizá incluso pensando que nadie se iba a enterar. Una vez que te miras en el pasado como un ser que aún no había aprendido, no te queda sino aprender a mirarlo no con odio, sino compasivamente, pues no sabe que en el futuro cercano sufrirá en carne propia el resultado de sus malas decisiones. De hecho eres ese Tú del momento presente quien está pagando por lo que el Tú del pasado cometió.

Entonces perdonarte es perdonar a otro. A ese otro que fuiste cuando sucedió aquello de lo que hoy te arrepientes. El malestar que puedas sentir es la mejor señal de que eres consciente del hecho y ese es el primer paso para reparar y repararte. Una vez que puedes mirar al Tú del pasado como un "otro" al que perdonar, el ritual para el perdón que veremos más adelante te puede ayudar en este proceso.

¿Cómo estar bien cuando nada está bien?

Cuando sentimos que se nos viene el mundo encima, que todos nos dan la espalda o la mala suerte se apodera de nuestra vida, cuesta mucho trabajo sentirse bien, incluso pensar en que, ya no la felicidad, sino un modesto bienestar vuelva a amanecer en nuestro horizonte. Lo entiendo perfecto. Esto pasa cuando pensamos en varios escenarios:

- Para estar bien hay que estar libre de problemas.
- Las cosas necesitan ser como eran antes de un hecho doloroso o una pérdida para ser de nuevo felices. Buscamos restitución o revolución. Esto pasa mucho ante la muerte de un ser querido o una discapacidad adquirida.
- Contrastar nuestra vida con la de otros que *creemos* más felices y permitir que nos invada la desesperanza al pensar que nosotros nunca lo seremos.
- Entrar en un profundo estado de frustración, al sentir que obtenemos muy pobres resultados después de muchos esfuerzos y grandes sacrificios para alcanzar la felicidad. Aquí la "ingratitud" de otros juega un papel importante. Esto es especialmente cierto cuando pensamos que quienes son más felices no merecían serlo y nosotros sí.
- Permitirnos caer en un estado de resignación, donde ya dejamos de hacer lo más elemental para mejorar. En este caso la indefensión y la desesperanza parecen ser nuestras únicas compañeras, ambas madres de muchos casos de depresión.
- Vivir cualquier hecho doloroso que nos rebase y para el que no veamos resolución. Una visión de túnel sin salida.

No hay "cura" o magia alguna que en estas circunstancias nos haga sentir mejor con sólo tronar los dedos. Nuestra vida ha cambiado y a veces la metamorfosis es lenta. ¿Pero, sin magia, cuál es el truco? Es necesario no arrebatarnos a nosotros la esperanza de salir de todo esto, de seguir adelante. Y ya dije que la esperanza es como un vehículo que nos lleva hacia otro lado y no una tabla a la deriva en medio del mar. ¿Pero cómo hacerlo cuando nada está bien? Tienes que sostener la creencia de que, aunque todavía no sabes cómo y todavía no sabes cuándo, al final estarás bien. Si no es con este libro, será con acudir a terapia o rezar o el psiquiatra o una combinación de todo, pero estar bien es posible a pesar de lo que ahora sientas; esta es la creencia que te pido sostener:

Vas a estar bien. Aunque todavía no sepas cómo y aunque todavía no sepas cuándo.

¿Pero qué es estar bien? Empezar a vivir de otra manera a pesar de lo ocurrido. Déjame que te comparta una conversación que tuve en una sesión; era ya hacia el final de un proceso de terapia con una mujer que había perdido a un hijo adolescente de forma violenta y repentina dos años antes. Empezó ese día diciendo algo como esto:

—Me acuerdo cuando empecé a venir a las sesiones. Me quería morir. Estuve a punto de hacerlo, ¿sabes? De matarme. La vida ya no me importaba sin mi hijo.

—Te entiendo, no fue para menos luego de su muerte.

—Sí, y la gente que me conoce no se explica cómo estoy bien después de eso. Mi hermana me confesó que pensó que me volvería loca. "Yo me hubiera vuelto loca en tu lugar", me dijo hace unos días. Y a lo mejor sí me volví loca por un tiempo, pero después me di cuenta de algo. Al principio no te entendía cuando me decías que iba a estar bien; incluso me dio mucho coraje que me lo dijeras porque de alguna manera sentía que no podía y a lo mejor ni quería. Me daba como culpa estar bien con mi hijo muerto. Pensaba que si estaba bien era como si no lo hubiera querido.

—Sí, es un pensamiento bastante común en esos momentos. ¿De qué te diste cuenta?

—De que estar bien no es estar feliz, sino estar en paz. Y claro que lo extraño y lo voy a extrañar siempre. Eso también

me ayudó mucho, el día que me dijiste que nunca lo iba a dejar de extrañar, sólo que lo extrañaría de modo diferente. Es como si me dieras permiso de no tener que dejar de extrañarlo; eso me gustó y ya está pasando. Por supuesto que me encantaría que volviera a estar aquí, abrazarlo y besarlo y no dejarlo ir nunca más, pero ya sé que eso no se puede. Ya lo volveré a ver cuando estemos juntos de nuevo, pero mientras sé que está aquí conmigo y no me siento tan sola. Es como estar bien sin estar bien... no sé cómo decirlo.

—Así como lo dijiste suena muy bien. "Estar bien sin estar bien." No muchos podrían entender eso con facilidad. Es como estar bien siendo diferente a como estabas antes de que todo pasara.

—Exacto. Al principio, cuando empecé a decir que estaba bien la gente me veía como si estuviera loca, pero es que no hay palabras para explicarlo. ¿Oye, te acuerdas qué me dijiste en la sesión que me puse toda loca a gritar que no aceptaba la muerte de mi hijo?

—¿Que daba lo mismo que lo aceptaras?

—Sí, eso; también me dio mucho coraje porque sentí que no me estabas dando salida o solución. Que era como vencerse y ya. ¿Cómo que daba lo mismo que lo aceptara o no? Pero al final tenías razón, sólo me estaba lastimando más. Me costó mucho, pero eso también ya lo entendí. Aunque siento que fui muy lenta en todo esto.

—No se puede ir aprisa cuando pasan estas cosas. Te tomaste el tiempo necesario y eso también te ayudó. Empezaste a dejar de ser dura contigo.

—Sí, eso es cierto también. Es que la culpa es bien fuerte si la dejamos que crezca. Y no creas; de repente como que regresa a visitarme.

—Es normal, la diferencia es que ahora ya no se queda tanto tiempo.

—Eso sí.

No lo podía haber dicho mejor yo que mi paciente. "Estar bien, sin estar bien." Y esto mismo puede ser posible con un pasado doloroso, con la muerte de alguien o con algo de lo que nos arrepintamos, pero que ya no podemos cambiar. Si leíste el capítulo de "Blanco o Negro", entenderás que cuando no estamos bien, no significa que estemos mal, sólo somos distintos.

¿Qué vimos en este capítulo?

- No se puede sanar sin algunas renuncias y dejar que la vida siga sin retener lo que por naturaleza fluye. Lo que se estanca se pudre o se hace viejo.
- Contar y contarnos nuestra historia personal es un buen principio para empezar a ventilar lo acumulado. En los cajones de tus emociones hay cosas que sirven y otras que ya han caducado. Algunas cosas habrás de tenerlas más a la mano, otras reubicarlas y algunas otras más dejarlas ir.
- La transformación no es posible sin la muerte. ¿Qué de ti debes dejar morir para transformarte? Un viejo hábito, una creencia dañina o una expectativa que ya no te hace bien. Los aztecas decían que "lo que no muere periódicamente, envejece peligrosamente".
- Dejar ir y sanar implica también considerar el perdón como una forma de cerrar algo inconcluso. El perdón puede ser hacia otro o hacia ti.
- Perdonar no es olvidar o superar nada. Es reconocer que lo que pasó nos lastimó y renunciar a la venganza o incluso la justicia para estar en paz. Al perdonar aprendes a vivir con lo que pasó en vez de buscar cambiar el pasado.

Ejercicio: ritual para el perdón

Busca un lugar y un momento donde puedas estar a solas unos minutos. Lo ideal es que lo hagas sentado en una silla y procurando que nada te distraiga. Si tienes una fotografía de la persona a la que perdonarás o pedirás perdón, ponla frente a ti de modo que la veas durante el ejercicio. Esto no es indispensable. Vamos ahora al desarrollo del ejercicio:

- Siéntate en la silla con la espalda recta apoyada en el respaldo. Evita cruzar brazos o piernas. Coloca tus manos sobre los muslos y deja que la planta de tus pies se apoye contra el piso. Respira profundo.
- Ahora visualiza frente a ti otra silla. Por ahora está vacía, sólo es una silla. Imagina que entre el lugar donde tú te encuentras sentado y la otra silla hay una gruesa hoja de cristal transparente. Es un cristal como esos blindados que te permiten ver todo, pero que nada que no quieras puede pasar de un lado al otro. Sólo imagina eso.
- Ahora piensa en cómo lastimaste o fuiste lastimado. Reconstruye en tu mente lo que pasó. Trata de imaginar esto en blanco y negro. Permite que tu cuerpo sienta las emociones que surjan; no las detengas, pero tampoco las alimentes, sólo percíbelas.
- Dependiendo de si perdonas o pides perdón, adapta la siguiente idea para decirla en voz alta:

  Muchas veces he lastimado o he sido lastimado. A veces me he causado daño de distintas maneras. No ha sido mi intención sufrir o provocar sufrimiento, pero he permitido que eso suceda. Esto es como algo que comprime mi pecho, como un alambre de púas que rodea mi corazón y lo lastima cada vez que viene a mi mente lo sucedido.

Hoy quiero liberarme de esto sin dañar a nadie, sólo quiero perdonar (o pedir perdón) y que todos podamos ser libres. Hay una deuda que no puede ser pagada ni cobrada y eso no me alegra, pero ya no quiero pensar en esa deuda, sino renunciar a ella por el bien de todos.

- Ahora imagina que del otro lado del cristal se abre una puerta y entra la persona a quien vas a pedir perdón o a perdonar. Imagina que se sienta en la silla del otro lado. En su rostro no hay ningún gesto de aprobación ni de desaprobación, sólo refleja un profundo deseo de liberarse también de esas cadenas, de lo que aprisiona y lastima su propio corazón. No hay reproche ni deseo de reiniciar algo dañino, sólo quiere ser libre.
- Ahora mira a esa persona a los ojos e imagina que le transmites tu genuino deseo de que ambos sean libres. En tu mirada puede ver con claridad lo que tu corazón siente; ahí donde está tu generosidad o arrepentimiento. Ahí donde está tu intención de redimir y armonizar. Visualiza cómo la otra persona quiere exactamente lo mismo.
- Ahora imagina que del cuerpo de ambos empieza a desprenderse una capa oscura como de tierra seca, dejando al descubierto su verdadera naturaleza que es más clara y luminosa. Es como si sus cuerpos estuvieran mudando de piel al dejar caer esa capa más oscura que los recubre y que no era tan notoria sino hasta ahora que se revela la nueva más limpia y clara. Deja que ocurra este proceso y que la capa que cae el suelo como tierra se funda con la tierra bajo tus pies. Dejen que la tierra se haga cargo de lo que ya no les hace bien, ella sabe transformar todo en algo vivo y útil.
- Imagina que ambos se han liberado de la vieja piel, la vieja capa que los recubrió sin darse cuenta. Respira profundo; la otra persona hace lo mismo del otro lado. Sientan su cuerpo más liviano

y sobre todo su corazón libre de aquello que lo aprisionaba y lastimaba. Siente tu corazón latir, puedes llevar tus manos al centro de tu pecho si está bien para ti.

- Ahora, más libre de aquella vieja capa oscurecida, es posible pedir u otorgar el perdón. Mira nuevamente al otro a los ojos y dile algo como esto, de preferencia en voz alta:

  Hoy es una nueva oportunidad para ambos, un reinicio más limpio y ligero. Hoy te perdono (te pido perdón) por [aquí manifiesta de manera concreta por qué perdonas o pides perdón]. Ya no quiero que tú lleves ese peso ni yo quiero llevarlo. Me habría gustado que las cosas fueran distintas entre nosotros, pero pasaron de la manera en que sabemos y eso ya no lo podemos cambiar porque está en el pasado. No fue tu (mi) intención lastimar y te perdono (te pido perdón) por eso. Quiero que estés en paz contigo y conmigo, como yo quiero estar en paz conmigo y contigo. Gracias por estar aquí y gracias por escucharme.

- Ahora imagina que la otra persona desde el otro lado, al mismo tiempo, te ha dicho las mismas palabras a ti. Siente como también quiere esta redención y armonía con su propia humanidad. Visualiza como ambos se miran con suavidad. Ahora la otra persona se pone de pie y se va por la misma puerta por la que entró. Pero no se va con actitud de rechazo, sino al encuentro de su propia armonía y equilibrio, tal como tú lo haces ahora mismo al ponerte de pie, respirar profundo y dejar que tu cuerpo se estire suavemente mientras empiezas a recobrar tu estado natural de conciencia sobre lo que te rodea.

Puedes hacer este ejercicio con varias personas, o la misma, varias veces si sientes que nuevas capas se desprenden y los liberan.

Epílogo

Piensa y actúa, no al revés.
M. G.

Se nos ha dicho que lo correcto es tomar dos litros de agua por día. Hay quienes dicen que deben ser más, o menos. No tendríamos que estar tan atentos a estas reglas, que a veces rayan en lo absurdo, si escucháramos más a nuestro cuerpo y nuestra mente dándonos señales de lo que necesitamos. Si requerimos más agua nos da sed, si es comida lo que hace falta es hambre y si es dormir el sueño hace su aparición. El problema es que parece que perdimos esa conexión o la ignoramos.

Se cuenta que una vez un hombre se acercó a un maestro zen y le preguntó cuál era el secreto para ser un hombre sabio y sereno. El maestro le respondió:

- Cuando como, como; cuando cago, cago y cuando duermo, duermo.
- Pero eso lo hacemos todos maestro —dijo aquel hombre.

- No exactamente —contestó el maestro y prosiguió— muchas veces cuando la gente come está pensando en dormir, cuando duerme está pensando en cagar y cuando caga está pensando en comer. La persona sabia está donde está y no está en otra parte; eso te trae la paz.

Lo mismo pasa con las emociones. Ellas también necesitan ser escuchadas porque siempre buscan decirnos algo. Nos complicamos la vida cuando dejamos que el pie izquierdo vaya en dirección contraria a la del pie derecho y ambos en un sentido opuesto a lo que el corazón busca. Entonces debería aparecer la razón como conciliadora de tantas emociones y sentimientos desbordados. Ya desde 1995 se nos ha hablado de la inteligencia emocional, pero incluso en este siglo XXI escuchamos a profesionales de todos los ámbitos aconsejar. "No mezcles las emociones." ¡Absurdo! Las emociones surgen a mayor velocidad que el pensamiento y dirigen nuestra atención hacia lo importante. En vez de anularlas deberíamos conocerlas y aprender a convivir con ellas de manera más sana e integrada. Yo no creo que el pensamiento sea más importante que las emociones ni tampoco lo contrario. Ambos son muy importantes como lo es nuestra actitud, aunque la última sea resultado de las primeras.

De poco sirve la acumulación de conocimiento si no nos mueve a estar mejor. La inteligencia puede ser como los caballos de fuerza que impulsan tus decisiones, pero tu capacidad de pensar y razonar con todo tu ser es lo que le da dirección y proporción a esa fuerza. He conocido personas que no usan el GPS porque dicen que "se equivoca" o los confunde y prefieren preguntar para llegar a un sitio o confiar en sus conocimientos de la ciudad. En general pienso que esas personas no entienden al GPS o esperan que lo haga todo. Otras personas no se imaginan cómo sería su vida sin esta guía satelital y tecnológica y la usan hasta para ir al baño. Hacer esto bloquea nuestra capacidad de juicio y orientación; nos volvemos dependientes de una tecnología y cuando falla nos sentimos desamparados. Lo mejor sería no complicarnos la vida y aprender a usarlo, conocer sus alcances y limitaciones y decidir cuándo, dónde y cómo usarlo.

Cuando empecé a escribir este libro, algunas personas me preguntaban por el título. Cuando lo supe y lo dije, una comentó: "¿No es un título muy pretencioso y banal? a veces no es tan sencillo resolver los problemas." Le contesté que precisamente esa era la razón, porque no siempre es fácil resolver un problema y en cambio es muy sencillo complicarse más la vida, por acción, omisión o actitud. A veces hay que desenredar, otras aceptar y algunas van a parte y parte.

Pero un libro no es mágico por sí mismo, la magia la hace cada uno con sus decisiones y el cambio de rumbo. Ni yo ni nadie podemos saber lo que es bueno para cada uno dentro de sus circunstancias. Escucha consejos, pero tú decide si los sigues, cómo y en qué momento. "Suelta", "Perdona", "Muévete", "No te rindas" o "No tengas miedo" son sugerencias imperativas cuando vienen de afuera. Yo propongo que seas tú quien decida lo que necesita y sé muy bien que no siempre es fácil hacerlo. El miedo es un factor alrededor de todo proceso de cambio, así sea uno para no complicarnos la vida. Es absurdo pretender no sentirlo. Como si uno pudiera decidir no tener miedo, hambre o sueño. Necesitamos mirar a nuestros miedos, conocerlos, aprender de ellos y dejarlos ir. El miedo se produce en nuestra mente más primitiva y es necesario que nuestra mente racional le ofrezca la seguridad de que, pase lo que pase, nos haremos cargo y buscaremos estar bien. Es la ruta: sentir, escuchar, pensar y actuar, para luego volver a sentir. Sin enredos ni complicaciones añadidas.

Confío que este libro haya sido para ti una puerta de entrada a nuevas posibilidades. Como suelo sugerir en diferentes ocasiones, siempre que sientas que no puedes con algo busca ayuda profesional. Si tienes un dolor físico, por ejemplo, descarta primero una causa médica. Si tienes estrés, insomnio o ansiedad, no busques resolverlo con alcohol o pastillas. Recuerda que tu historia merece ser contada y escuchada por alguien profesional y empático que te ayude a desenredar el pensamiento y acomodar las emociones. No tienes que vivir lo que sea en soledad. Busca ayuda. ¡No te compliques!

Bibliografía

ABC.ES - "Mujer, de 91 años consigue doctorado tras 30 años haciendo tesis", Diario *ABC* versión electrónica, suplemento "El recreo". 16/03/2016 13:46h - Actualizado: 17/03/2016 09:07h. http://www.abc.es/recreo/abci-mujer-91-anos-consigue-doctorado-tras-30-anos-haciendo-tesis-201603161346_noticia.html. Madrid, España.

Andreas, Steve, *Six Blind Elephants*, Real People Press, United States, 2006.

Bayés, Ramón, *Psicología del sufrimiento y de la muerte*, Ediciones Martínez Roca, Barcelona, 2001.

BBC Mundo (redacción). "El asesino de mi hermano es ahora mi amigo", una historia de reconciliación en Estados Unidos. Consultado el 14 de septiembre de 2017 en http://www.bbc.com/mundo/noticias-41271588 (Reportaje original en inglés por Cengel, Katia en BBC Uk en http://www.bbc.co.uk/news/resources/idt-sh/my_brothers_killer_is_now_my_friend

Billig, M., & Tajfel, H. (1973), "Social categorization and similarity in intergroup behaviour", European Journal of Social Psychology, 3, 27–52.

Boss, Pauline, *La pérdida ambigua*, Gedisa, España, 2001.

Burland, J. A., "Splitting as a consequence of severe abuse in childhood", Psychiatr Clin North Am. 1994 Dec;17(4):731—42.

Castaneda, Carlos, *Las enseñanzas de Don Juan*, Fondo de Cultura Económica, México, 2008.

Chödrön, Pema, *Cuando todo se derrumba: Palabras sabias para momentos difíciles*, Gaia ediciones, España, 1998.

Cyrulnik, Boris, *Los patitos feos*, Gedisa, Barcelona, 2006.

Dailey, Anne C. (2017), *Violating Boundaries. Danger Talk: Sexual Error, Boundary Crossings, and the Limits of Thought.* Journal Studies in Gender and Sexuality. Pages 13—18 | Published online: 07 Mar 2017.

Deci, Edward & Ryan, Richard (1990), *A Motivational Approach to Self: Integration in Personality*, Nebraska Symposium on Motivation, 38. 237—88.

DuBois, D. L., Burk—Braxton, C., & Tevendale, H. D. (2002), "Esteem—enhancement interventions during early adolescence", en T.M. Brinthaupt & R.P. Lipka (eds.), *Understanding early adolescent. self and Identity, Applications and interventions* (pp. 321–371), Albany: State University of New York Press.

Emmons, R. A., *et al.*, "Counting Blessings Versus Burdens: An Experimental Investigation of Gratitude and Subjective Well—Being in Daily Life", *Journal of Personality and Social Psychology* (febrero, 2003): vol. 84, núm. 2, pp. 377–389.

Enright, R. D., & Fitzgibbons, R. P. (2015), *Forgiveness therapy: An empirical guide for resolving anger and restoring hope*. Washington, D C: APA Books.

Enright, R. D., Knutson, J. A., Holter, A. C., Baskin, T., & Knutson, C. (2007), *Waging peace through forgiveness education in Belfast*, Northern Ireland II: Educational programs for mental health improvement of children. Journal of Research in Education, 17, 63—78.

Enright, R. D., Rhody, M., Litts, B., & Klatt (2014), "Piloting forgiveness education in a divided community: Comparing electronic pen—pal and journaling activities across two groups of youth," *Journal of Moral Education,* 43, 1—17.

Fisch, R., Weakland J. H., & Segal L., *La táctica del cambio*, Herder, España, 2003.

Fischer, K. W., Shaver, P. R., & Carnochan, P. (1990), *How emotions develop and how they organise development. Cognition And Emotion*, 4(2), 81—127. doi:10.1080/02699939008407142.

Fromm, Erich, *El miedo a la libertad,* Editorial Paidós, 2005.

Fullagar, S. (2003), "Wasted lives: The social dynamics of shame and youth suicide", *Journal of sociology*, 39(3), 291—307.

Gallego, Rosa; Sanz, Juan Carlos (2001), *Diccionario Akal del color*, Akal. ISBN 978-84-460-1083-8.

Goldbeter-Merinfeld, Edith, *El duelo imposible*, Herder, España, 2003.

Grant, A. M., *et al.*, "A Little Thanks Goes a Long Way: Explaining Why Gratitude Expressions Motivate Prosocial Behavior", *Journal of Personality and Social Psychology* (junio, 2010): vol. 98, núm. 6, pp. 946–955.

Hasson, U., Hendler, T., Ben Bashat, D., & Malach, R. (2001), "Vase or face? A neural correlate of shape—selective grouping processes in the human brain", J. Cogn. Neurosci. 13, 744–753.

Hastings, M. E., Northman, L. M., & Tangney, J. P. (2002). "Shame, guilt, and suicide", en *Suicide science* (pp. 67—79), Springer US.

Higgins, E. T. (1987), "Self—discrepancy: A theory relating self and affect", *Psychological Review*, 94, 319–340.

Jung, Carl G., Campbell J., Von Franz, M. L., Bly, R., Wilber, K., Branden, N., Keen, S., Dossey, L., May, R., Peck, M. S., Hillman, J., Bradshaw, J., *et al.*, *Encuentro con la sombra*, Kairós, Barcelona, 2006.

Knee, C. R. (1998), "Implicit theories of relationships: Assessment and prediction of romantic relationship initiation, coping, and longevity", *Journal of Personality and Social Psychology* DOI: 10.1037//0022—3514.74.2.360.

Knee, C. R., Patrick H, Vietor N. A., & Neighbors C. (2004), "Implicit theories of relationships: moderators of the link between conflict and commitment", *Personality & social psychology bulletin*, 30 (5), 617—28 PMID: 15107161.

Lambert, N. M., *et al.*, "Expressing Gratitude to a Partner Leads to More Relationship Maintenance Behavior", *Emotion* (febrero, 2011): vol. 11, núm. 1, pp. 52–60.

Lester, D. (1997), "The role of shame in suicide", *Suicide and Life—Threatening Behavior,* 27(4), 352—361.

Lester, J. K. D. (2000), "Shame and suicide: A case study", *Death Studies*, 24(2), pp. 157—162.

Lickel, B., Kushlev, K., Savalei, S. (2014), *Shame and the motivation to change the self., Emotion.*

Margolies, L. (2016), "Are Your Decisions from Your Evolved or Primitive Brain?", *Psych Central*, en línea en marzo 6, 2017, https://psychcentral.com.

Michalska, K. J., Machlin, L., Moroney, E., Lowet, D. S., Hettema, J. M., Roberson—Nay, R., Averbeck, B. B., Brotman, M. A., Nelson, E. E., Leibenluft, E., & Pine, D. S. (2017), "Anxiety symptoms and children's eye gaze during fear learning", J Child Psychol Psychiatr. doi:10.1111/jcpp.12749.

Miller, W. R. & Rollick, S. (2002), "Motivational Interviewing: Preparing People for Change", *Guilford Press*.

Nardone, G. Salvini, A., *El diálogo estratégico*, Herder, Barcelona, 2011.

Orellana—Damacela, L. E., Tindale, T. S., & Suarez—Balcazar, Y. (2000), "Decisional and behavioral procrastination: How they relate to self—discrepancies", *Journal of Social Behavior and Personality*, 15, pp 225–238.

Paulhus, D. L., & Williams, K. M. (2002), "The Dark Triad of Personality." *Journal of Research in Personality*, 36, pp. 556—563.

Penner, L. A, Dovidio, J. F, Piliavin, J. A., & Schroeder, D. A. (2006), "Prosocial behavior: Multilevel perspectives", *Annual Review of Psychology*, 56, pp. 365—392.

Roberts, B. W., Luo, J., Briley, D. A., Chow, P. I., Su, R., & Hill, P. L. (2017, January 5), "A systematic review of personality trait change through intervention", *Psychological Bulletin.*

Robles, Teresa, *Concierto para cuatro cerebros*, Alom Editores S.A. de C.V., México, 2001.

Savater, Fernando, *La vida eterna*, Ariel, Barcelona, 2007.

Schmader, T. & Lickel, B. (2006), "The approach and avoidance function of guilt and shame emotions: Comparing reactions to self—caused and other—caused wrongdoing", *Motivation and Emotion.*

Schmidt, R. E., Renaud, O., & Van Der Linden, M., "Nocturnal Regrets and Insomnia in Elderly People", *The International Journal of Aging and Human*

Development, University of Geneva, Geneva, Switzerland. Vol. 73 núm. 4, pp. 371—393. Article first published online: February 14, 2012.

Seybold, K. S., Hill, P. C., Neumann, J. K., & Chi, D. S., "Physiological and psychological correlates of forgiveness", PsycINFO Database Record (c) 2012 APA, all rights reserved.

Solomon, Marion F. Siegel, Daniel J., *Healing Trauma*, W.W. Norton & Company, New York—London, 2003.

Stoia—Caraballo, R., Rye, M. S., Pan, W. *et al.,* J Behav Med (2008) 31: 478. doi:10.1007/s10865—008—9172—5.

Tang, S., Shepherd, S., Kay, A. C. (2014), "Do Difficult Decisions Motivate Belief in Fate? A Test in the Context of the 2012 U.S. Presidential Election", *Psychological Science.*

Wade, Nicholas, *The faith instinct*, The Penguin Press, Nueva York, 2009.

Wade, N. G., Hoyt, W. T., Kidwell, J. E. M., & Worthington, Jr., E. L. (2014), "Efficacy of psychotherapeutic interventions to promote forgiveness: A meta—analysis", *Journal of Consulting and Clinical Psychology*, 82, pp. 154—170.

Watzlawick, Paul, *Cambio*, Herder, España 2007.

Watzlawick, Paul, Krieg, Peter, *El ojo del observador*, Gedisa Editorial, España, 2000.

Weingarden, Hilary MA; Renshaw, Keith D. PhD; Wilhelm, Sabine PhD; Tangney, June P. PhD; DiMauro, Jennifer MA. (2016), "Anxiety and Shame as Risk Factors for Depression, Suicidality, and Functional Impairment in Body Dysmorphic Disorder and Obsessive Compulsive Disorder", *Journal of Nervous & Mental Disease*.

Worden, J. Wiliam, *El tratamiento del duelo: asesoramiento psicológico y terapia*, Paidós, Barcelona, 2004.

Yalom, Irvin D., *Psicoterapia Existencial*, Herder, Barcelona, 1984.

Yalom, Irving D., *Staring at the sun*, Jossey Bass, United States, 2008.

No te compliques de Mario Guerra
se terminó de imprimir en agosto de 2022
en los talleres de
Impresora Tauro, S.A. de C.V.
Av. Año de Juárez 343, col. Granjas San Antonio,
Ciudad de México